洞察内心

成功营销的心理策略

杨义勇　张怡蝶◎著

吉林出版集团股份有限公司
全国百佳图书出版单位

图书在版编目（CIP）数据

洞察内心：成功营销的心理策略 / 杨义勇，张怡蝶著. -- 长春：吉林出版集团股份有限公司，2024.1
ISBN 978-7-5731-4532-1

Ⅰ. ①洞… Ⅱ. ①杨… ②张… Ⅲ. ①市场营销学－研究Ⅳ.①F713.50

中国国家版本馆CIP数据核字(2024)第011847号

DONGCHA NEIXIN CHENGGONG YINGXIAO DE XINLI CELÜE

洞察内心：成功营销的心理策略

著　　者　杨义勇　张怡蝶
责任编辑　杨　爽
装帧设计　仙　境

出　　版　吉林出版集团股份有限公司
发　　行　吉林出版集团社科图书有限公司
地　　址　吉林省长春市南关区福祉大路5788号　邮编：130118
印　　刷　北京亚吉飞数码科技有限公司
电　　话　0431-81629711（总编办）
抖 音 号　吉林出版集团社科图书有限公司 37009026326

开　　本　710 mm × 1000 mm　1 / 32
印　　张　8
字　　数　156 千字
版　　次　2024 年 1 月第 1 版
印　　次　2024 年 1 月第 1 次印刷

书　　号　ISBN 978-7-5731-4532-1
定　　价　56.00 元

如有印装质量问题，请与市场营销中心联系调换。0431-81629729

PREFACE

前言

营销是一场心理战，营销的过程就是“攻心”的过程，洞察消费者内心是成功营销的基础。营销者有必要懂一点营销心理学知识，如此才能制定出“走心、攻心”的营销策略并高效实施，实现成功营销。

本书系统解析了营销心理策略如何制定与落地实施，为所有营销者出谋划策、指点迷津。

首先，本书从营销心理学的角度出发，明确指出成功营销的秘诀就是洞察消费者内心，阐明了营销与消费者心理的关系，解析了营销心理学的相关知识。

其次，本书手把手教营销者如何从消费者心理出发为用户画像，精准把握消费者差异化、个性化的消费心理；重点介绍了营销者必知的营销心理定律，指导营销者因人而异地吸引消费者、抓住客户；揭秘了金牌营销员如何洞察消费者的“痛点”，与消费者进行心理博弈，高情商引导消费者买单；阐明了企业如何对消费者进行消费心理引导，并打动消费者，吸引消费者的注意。

最后，本书带领营销者深入竞争市场，科学制定线下营销心理策略，统筹“人货场”；高效实施线上营销心理策略，玩转大数据，用实践验证营销心理策略的可行性、有效性。

整体而言，本书结构完整、内容丰富、深入浅出，是营销者开展营销的好帮手。“营销智慧”“经典案例”版块，更增加了本书的启发性、指导性。

洞察内心，成功营销。阅读本书，掌握丰富的营销智慧与方法，相信你一定能有所收获并有所成就。

特别鸣谢，在本书的资料收集和写作过程中，杨舒显提出了切实可行的建议，并提供了较大的帮助。

作者

2023 年 6 月

C O N T E N T S

目 录

第 1 章

成功营销的秘诀——洞察内心

了解消费需求，把握用户心理，是成功营销的前提，营销的过程就是打动人心的过程，所以做营销不能不懂营销心理学知识。

无论是销售员，还是企业或品牌方，要想在市场中打赢营销战，就必须主动出击，想消费者所想，学会洞察消费者的内心。

1.1

营销是一场心理战

在现代社会，在激烈的市场竞争中能够脱颖而出并受到广泛关注的品牌或企业，其营销方式一定具有抓人眼球、迎合人心的特点。所以，企业或品牌方要想引起消费者的关注，其营销方式一定要能打动消费者。触动人心是成功营销的重要前提。

1.1.1 “酒香也怕巷子深”，营销是必要的

我国古代有句俗语：“酒香不怕巷子深。”古代酒馆卖酒，酒坛

一开，香飘千里，酒客闻香而至，酒馆不愁没有生意做。

现代社会，“酒香不怕巷子深”的局面已经不复存在。究其原因，一方面，人们处于一个信息大爆炸的时代，消费者能接触到的同类商品很多，商品信息更迭速度快；另一方面，人们的生活节奏快，消费者的时间和精力有限，如果商家不做营销，没有主动进行商品推广和宣传，仅靠消费者自行了解商品、购买商品，商家和商品被选中的概率是非常低的。

如今，市场商品信息泛滥，一种产品再好，如果消费者不知道它，产品就卖不出去，商家就不会有任何创收和盈利。正因如此，越来越多的营销者充分认识到了“酒香也怕巷子深”的局面，开始重视营销、积极营销，这充分说明，现代市场竞争中，任何营销员、企业或品牌方，做营销都是必要的。

1.1.2 营销不是产品战，而是心理战

产品好，是卖得好的基础，但产品好就一定卖得好吗？未必。

当前市场竞争激烈，商品同质化严重，消费者很难从专业层面区分到底哪一种产品好哪一种产品不好，或者哪一种产品适合自己哪一种产品不适合自己，进而导致这样的市场现象：产品好，不等于能卖出去、能卖得好。

在各类商品竞争中，营销的作用就是让消费者知道市场上有某种产品，方便了解产品的特点和优点，并被这些特点和优点吸引，进而从心动变为行动，愿意购买产品、做出购买行为。如此，产品才能有机会积累出好口碑，进而不断提升市场竞争力，在市场竞争中获胜。

可见，营销的本质，不是产品战，而是心理战。在市场竞争中，谁能打动消费者的心，谁就有机会在市场中立足、获胜。

1.2 营销的过程就是“攻心”的过程

消费者从产生购买意愿到下单购买商品的过程是一个复杂的心理过程，在这一过程中，营销者唯有掌握消费者的心理动态，灵活运用各种“攻心”策略，才能彻底激发消费者的购买欲望，让消费者抛弃各种顾虑，购买商品。

1.2.1　想要打赢营销博弈战，“攻心”为上

想要说服消费者，口才固然重要，但若忽视“攻心”营销策

略，也很难打赢这场营销博弈战。

优秀的营销者会通过科学的心理战术潜入消费者的内心世界，了解、分析消费者的困惑，激发、助长消费者的需求，精准引导消费者的消费行为，从而实现营销效益的最大化。

也就是说，营销者一定要站在消费者的角度去思考，甚至要变得比消费者本身还要了解他自己。唯有深刻地读懂了消费者的内心世界，才能在营销之战中立于不败之地。

1.2.2 “攻心式营销”的核心要点

对营销者而言，所谓“攻心”，就是要找到令消费者共情、赞同与肯定的突破口，在此基础上有针对性地开展营销活动。具体包含以下三大核心要点：

★ 找准消费者的痛点

消费痛点指的是消费者当下最想要解决的问题或最想得到满足的需求点（包含隐性需求），一般包括生存痛点（衣食住行等生理需求和安全需求）、社会角色痛点（社交需求）、精神痛点（情感需求、尊重需求）等。营销人员唯有先洞察消费者的痛点，才能找到将痛点真正转化为需求的方法，从而激起消费者的购买欲望，逐步引爆销量。

找准消费者的痛点

彰显产品或服务的亮点

消除购买风险，给予消费者安全感

“攻心式营销”的核心要点

★ 彰显产品或服务的亮点

产品和服务的亮点是需要营销者用心挖掘并精心包装的，在诸多亮点、卖点的加持下，才能让潜在消费者直观地感受到产品或服务的好处，并最终打动消费者的心。

★ 消除购买风险，给予消费者安全感

消费者的购买风险包括时间风险（挑选时间长、退换货麻烦）、财务风险（价格太贵、超出预算）、健康风险（产品可能危害健康），等。营销者想要掌握消费者的心理活动变化，就要提前了解、认识到消费者的购买风险，并做好应对方案，逐一消除这些风险，让消费者毫无顾虑地采取购买行动。

1.2.3 “攻心式营销”的实施策略

“攻心式营销”的实施前提是深入研究消费者的心理动态和消费行为，而其实施策略包括以下几点：

做好市场调研工作，整理、分析消费者信息

通过各种途径、方法和消费者建立联系

巧妙解决消费者的痛点，引导消费者的需求

塑造品牌价值，提炼产品或服务的核心卖点

让消费者知道购买产品和服务的好处，给予消费者满足感

消除消费者的购买风险，给予消费者安全感

策划各种营销活动，给予消费者参与感

做好回访调查，优化售后服务方案，提升消费者购物体验

“攻心式营销”的实施策略

【经典案例】

为什么有人愿意花一倍的钱买一半的水

Life Water 是美国的一个矿泉水品牌，其营销策略正体现了卖产品要“攻心”的秘诀。

如果有一瓶只装了一半的矿泉水，却需要你花一瓶矿泉水的钱购买，你会愿意购买吗？相信大多数人会直接拒绝，但 Life Water 品牌却拥有一批忠实的消费者愿意为之买单。

矿泉水的市场竞争是非常激烈的，Life Water 调查发现，其实人们买水后大多只喝一半就能解决口渴需求，于是就采用公益营销的方式，选定几款产品只装一半的水量，并在瓶身印上缺水地区孩子的照片，这样既能满足消费者用水的需求，又能激发消费者的同情心，还满足了消费者做公益实现自我崇高价值的心理。

凭借上述“攻心”的营销策略，Life Water 进一步扩大了消费者群体，提升了产品销量，赢得了品牌美誉度。

1.3

了解营销心理学

深入了解营销心理学，掌握相关营销技巧和心理战术，能帮助企业、品牌营销人员顺利开展营销工作和营销活动。

1.3.1　什么是营销心理学

随着经济的快速发展，传统的营销模式越来越难以适应当前的市场环境，需要企业、品牌营销人员转换思维，从营销心理策略入手，去提升营销活动的竞争力。在这种情况下，营销心理学应运而生。

简单而言，营销心理学是以市场营销活动中的买方（消费者）、卖方（以营销人员为代表）为研究对象，利用心理学的相关研究手段，主要研究买卖双方在营销活动进行中所产生的各种心理现象及双方心理活动发展的一般规律的科学。

营销心理学有着自身的特点，包括以下几个方面：

包含市场营销学、心理学、社会学知识，综合性强

与日常生活息息相关，应用性强

着重探讨消费心理特点和规律

营销心理学的学科特点

1.3.2　营销心理学研究哪些内容

运用营销心理学的策略，营销者能够找到与消费者沟通的最佳方式，能让企业和品牌持续得到消费者的好感与关注。

营销心理学的研究内容主要包括以下几个方面：

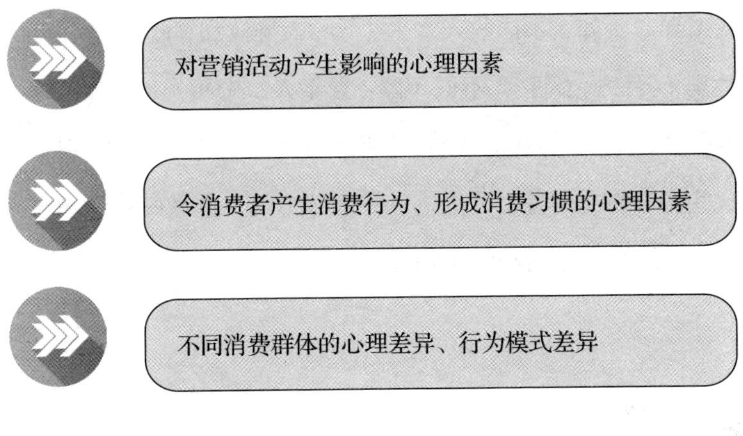

营销心理学的主要研究内容

其一，对营销活动产生影响的心理因素。

能够对企业或品牌营销活动产生影响的心理因素包括以下几点：一是消费者在接触商品信息过程中所形成的心理倾向；二是消费者对商品或服务的态度、兴趣度、想象等；三是消费者心理需求的变化等。这些都是营销心理学研究内容的重要组成部分。

其二，令消费者产生消费行为、形成消费习惯的心理因素。

消费者的消费行为和习惯是营销心理学的研究重点，了解消费者消费行为产生的动机、消费习惯形成的原因（包括商品因素、文化因素、营销环境因素等）能帮助营销者精准把握消费者的心理需求，从而大幅提升营销成功率。

其三，不同消费群体的心理差异、行为模式差异。

营销心理学的研究内容还包括不同消费群体的心理差异、行为模式差异。例如，不同收入水平（低收入群体和高收入群体等）、不同性别（男性、女性）、不同年龄（青年人、中年人、老年人等）的消费群体，在购物兴趣、消费动机等方面分别有着哪些差别。只有将这些内容研究清楚，才能进一步细分市场，并做好品牌和产品定位，从而扩大营销活动的影响力。

【营销智慧】

巧背书，提高营销实力

背书，简单来理解就是借助大众广泛知晓的知名组织、企业或个人为产品或品牌造势。比如，某产品得到国际知名专业组织的质量或技术检测认证、某产品曾得到知名人士的公开认可和夸赞、某品牌曾和国际知名品牌或企业合作等，这些都可以成为产品或品牌营销的"加分项"，让消费者更加信任该产品或品牌。

产品或品牌背书营销策略主要有以下几种形式供参考。

- 数量背书：用数据说话，如"××× 奶茶，一年卖出 7 亿多杯"，用销量赢得更多消费者从众消费。
- 名人背书：请明星、网红代言、晒单，用名人效应吸引"粉丝"追随购买产品。
- 口碑背书：当全网各平台大量出现某产品登上热搜的信息时，会吸引大众主动搜索、关注该产品信息。
- 自媒体背书：在自媒体平台利用产品测评、产品广告植入、博主好评等打造产品光环，让消费者觉得产品好。

- 公司背书：进行事件营销，提高企业美誉度，让消费者产生一种“好企业做出的产品也一定不差”的心理。
- 员工背书：通过企业创始人、领导者、员工个人登上热搜经历或事件进行营销，带动产品销量增长。
- 产品背书：定义产品新标准，让消费者觉得该产品是市场上独一无二的产品，如“非油炸方便面”。
- 品牌背书：定义品牌新理念，让消费者认可品牌价值观，愿意为自己的情怀、价值观买单，如“不买贵的，只选对的”。

第 2 章

从消费心理出发为用户画像

营销是以消费者为中心的活动，想要做好营销就需要了解消费者的内心活动，满足消费者的需求，从而达到营销的目的。了解消费者的消费心理就是为用户画像，这样可以让企业的营销措施更加精准有效。

2.1 消费者心理需求分析

营销战就是心理战，营销者唯有牢牢掌握消费者的心理需求，才能帮助企业和品牌精准制定营销策略，让企业或品牌方在营销战中立于不败之地。

消费者的心理需求多种多样，结合马斯洛需求层次理论可以分为求实、求尊重、求美、求名等心理倾向。例如，求实心理倾向与人的生存需求、安全需求有关；求尊重心理倾向源自爱与归属的需求、尊重需求；求美和求名心理倾向都与人的自我实现的需求有关。

求实心理倾向。具有这种心理倾向的消费者在购买商品时一般会更加看重商品的基本性能、质量、安全性能等实用性较强的功能，如食品的原材料、矿泉水的原产地、房屋的质量等。因此，对满足消费者生存和安全需求的产品，营销者在进行营销时，要格外重视对其基本功能的宣传，如质量高、对人体没有危害、安全可靠等。

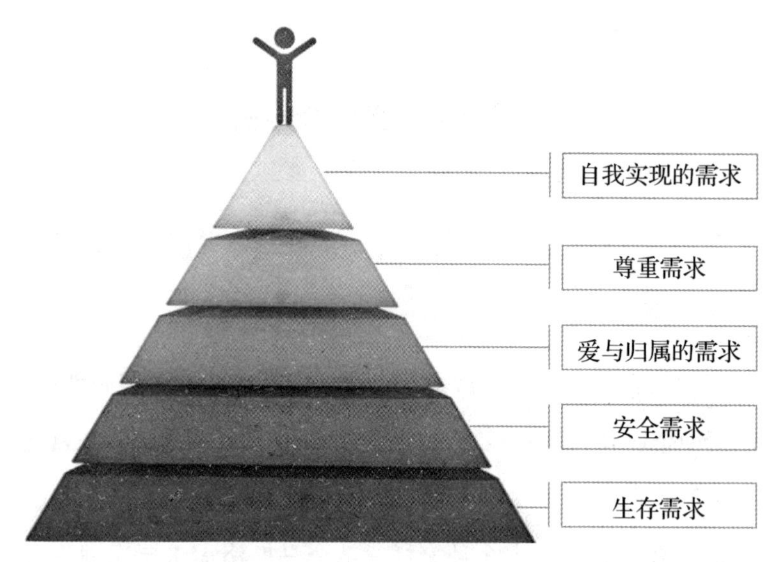

马斯洛需求层次理论

求尊重心理倾向。具有这种心理倾向的消费者注重购买体验，他们渴望在购物过程中获得尊重、被重视。为了满足消费者的这一心理需求，营销者可以给予消费者超越其预期的优质服务，带给消费者更多的心理满足感。

消费者多种多样的心理需求

求美心理倾向。具有这种心理倾向的消费者更重视商品的欣赏价值、艺术价值，钟情于产品靓丽的外形、绚丽的色彩、独特的艺术风格等，渴望通过购物获得美的享受。因此，当产品的受众是对审美需求要求较高的群体时，营销者就要着重展示产品靓丽的造型、精美的设计，以引起这些消费者的兴趣。

求名心理倾向。具有这种心理倾向的消费者往往更钟情于知名度高、价格昂贵的商品，希望通过拥有名牌商品来彰显其社会地位和威望。对此，营销者可以通过种种营销手段（如借助社交媒体推广、请明星代言等）去扩大产品的知名度，从而提高产品销售量。

简而言之，影响消费者心理需求的因素多种多样，因此在面对不同需求类型的消费者时，营销者要能够具体问题具体分析，找出消费者的真实需求再有针对性地进行营销，就能够更加精准地激起消费者的购买欲望，提高成交率。

2.2 消费者线下购物心理影响因素

消费者在进行线下购物时往往更注重购物体验，消费者的线下购物心理往往与购物环境、商店名称、商家的服务态度等因素有直接关系。

2.2.1　购物环境

消费者在进行线下购物时，通常会更看重购物环境，希望得到理想的购物体验。装饰美观、舒适温馨的购物环境往往能给消费者留下良好的第一印象，是吸引消费者进店购物的重要因素之一，同时也更容易让消费者产生轻松、愉悦的感觉，从而产生消费欲望。相反，一个拥挤、脏乱的购物环境很可能令消费者心生反感，不愿意长时间逗留，这样一来，这个门店的人气也会因此大大降低。

营销者可以利用不同风格的装饰品去营造不同的环境氛围，如用木质桌椅、绿色植物、挂画等营造餐厅亲切、舒适的氛围；用绚丽的地毯、暖色光壁灯营造甜品店温暖、甜蜜的氛围等，以此增加消费者的好感，激起消费者的购买欲望。

2.2.2　商店名称

商店名称是影响消费者线下购物心理因素之一。首先，商店名称中能包含品牌、产品的基本信息，有相关购买需求的消费者会通过商店名称判断相关信息，从而促使其进店消费；其次，商店名称能传达品牌的核心理念和独特内涵，加深消费者对品牌、产品的认识，并可以帮助其做出购买决策；最后，消费者对品牌、产品的第一印象往往来自商店名称，一个独特的、有趣的商店名称能第一时间吸引消费者的注意力，让消费者产生进店消费的欲望。

因此，商店名称要包括品牌、产品的相关信息，要简单、方便记忆且符合品牌形象或商品定位，要独特、有创意或富有美感，能够给消费者留下深刻印象。

2.2.3　服务态度

商家的服务态度也是影响消费者线下购物心理的重要因素之一。对消费者而言，线下门店人员的服务态度能激发起他们不同的情感并会影响其最终的购买决定。例如，当门店服务人员热情周到、积极地为消费者提供方便时，消费者心里往往会产生愉悦感，从而对这个门店的好感度大为提升，不由自主地产生购物欲望；当门店服务人员态度冷淡或拒绝与消费者沟通时，则一定会引起消费者的反感，其购买意愿也会大大降低。

因此，线下门店应主动提高服务质量，用认真负责的态度对待每一位消费者，让消费者感受到专业的服务水平和友好的服务态度，可以与消费者进行友好的沟通，帮助消费者解决问题。

【经典案例】

星巴克的室内设计能够给消费者带来优质体验

星巴克（咖啡品牌）舒适、温馨的环境是吸引消费者进店消费的重要因素之一。例如，星巴克店内使用大量照明设备，靠窗座位及沙发位置设置吊灯，用灯光营造现代化咖啡店的氛围，方便人们学习或办公，并且，明亮的灯光能够让人感受到店内温暖的氛围，让人们产生消费欲望。

另外，星巴克旗下的多数门店坚持在座位区安装木地板，以此营造温馨舒适的环境，带给消费者独特的体验。

这样多功能、多种风格结合的室内设计能够满足消费者的多种需求，使得消费者能在店内愉悦地享受咖啡时光。

2.3

消费者网络购物心理影响因素

随着互联网的发展，网络购物已成为很多消费者的优先选择。消费者的网络购物心理会受到多种条件的影响，具有多样化的特点。

2.3.1　网店装修

消费者在浏览线上店铺的页面时，往往会产生很多随机的购买行为。这与网店的装修风格息息相关，整齐美观、别具特色的店铺装修风格能让线上门店在众多的网店中脱颖而出，从而可以牢牢抓住消费者的眼球。一旦消费者在店铺页面停留的时间足够长，就极有可能会被店铺中有趣的产品文案、新颖的产品陈列等吸引，从而产生购买欲望。

因此，营销者要在网店装修上多下功夫，用别具特色的装修和设计风格带给线上消费者良好的第一印象。例如，为店铺设计一个亮眼的店标和响亮的宣传语；注重商品详情页的布局和导航设计等。

2.3.2 售前、售后服务

在线上购买商品前，消费者往往会先与网店的客服沟通相关信息，在沟通顺畅的情况下才会产生购买行为。因此，网店营销者要提高售前服务质量，针对商品的相关问题都要给予及时、耐心的回复，以增强消费者的购物信心。

另外，售后服务是否完善、优质也是影响消费者网络购物心理的重要因素之一。线上消费者往往很重视网店是否给予其“七天无理由退货”的承诺，是否会提供相应的维修服务等，其只有在了解了相关售后服务项目后才会放心下单。因此，网店营销者可根据产品特点完善售后服务方案，让消费者打消购买顾虑。

2.3.3　商品价格和性价比

影响消费者网络购物的心理因素多种多样，商品价格和性价比是其中一个很重要的因素。很多消费者之所以选择网络购物，除了因为网络购物方便快捷，还因为很多网络平台上售卖的商品物美价廉，使消费者能够以更低的成本获得更好的商品和服务。

因此，网店的营销者如果想要吸引流量、提升销量，不妨多策划一些促销活动（如限时抢购、领取优惠券、赠送小样等），给消费者提供更多优惠，吸引消费者购买产品。

2.4 把握差异化消费心理，细分市场

由于收入水平、受教育程度、职业、年龄、性别等方面的不同，人们的消费心理会有较大的差异，在消费观念、消费方式等方面存在着较大的区别。企业或品牌方应该根据不同消费群体的特点，做出精细化的营销策略。

2.4.1　少年消费群体的消费心理

少年在消费时受个人喜好的影响较大，少年消费更多地出于喜

爱，对自己喜欢的东西有较强的购买欲，而对价格或产品质量的考虑相对较少。

少年对社会的认知逐渐成熟，兴趣爱好较为稳定，对商品的优点和缺点拥有独立的分析能力，并会形成稳定的消费习惯。例如，很多少年会一直买同一个品牌的文具或服装，这是因为他们开始有了自己信任的品牌或商店，这就是少年消费习惯逐渐稳定的表现。

因此，品牌方如果想要吸引少年的注意力，就需要在产品外形上深耕。相比价格和质量，少年会更愿意购买自己喜欢的产品，因此，造型美观、风格鲜明的产品会更受少年消费群体的欢迎。

2.4.2 青年消费群体的消费心理

青年年龄跨度较大，数量众多，是社会中的主要消费群体。青年思想活跃，对世界的发展充满好奇，喜欢追逐潮流。他们对潮流产品的关注度很高，特别是一些当季流行产品。

青年在消费中更注重表现自我，喜欢通过消费得到自我满足。例如，青年往往更关注时尚品牌，对一些知名品牌的信任度高，认为这些品牌更能够彰显自我、突出格调。

青年在消费时不会盲目购买，成熟的消费观会让青年“货比三家”，理性分析商品质量和价格的匹配度，如果商品价格过高而质量不好，青年就不会盲目进行消费。

青年消费群体拥有成熟的消费观，更关注产品的价格和质量，但同时也希望买到个性鲜明的产品。因此，品牌方想要吸引青年消费群体，就要在注重外观的基础上提高产品质量。

一般来说，造型、包装、色彩等方面出色的产品更能让青年消费者心动。青年消费者对产品的喜爱往往难以长久，品牌方如果想要维持青年消费群体的关注度，就要不断推出新品，满足青年消费者的多样需求。

2.4.3　中年消费群体的消费心理

中年人在消费行为中更加理性，在消费时往往量入为出。中年消费者消费经验丰富，有自己的判断与选择，不会轻易被一时的消费冲动支配。中年消费者往往更注重商品的质量，对商品的实用功能要求较高，希望商品价格合理且质量有保障。

中年消费群体喜欢物美价廉的产品，更关注产品质量和价格。品牌方如果想要吸引中年消费群体就要保证产品质量，同时让产品价格稳定保持在合理区间内。

2.4.4 老年消费群体的消费心理

在长久的生活积累中，老年消费者已经形成了自己固定的消费习惯，喜欢方便快捷的购物方式。老年消费者对自己长期使用的品牌有很高的信任度，不会轻易尝试更换新品牌。所以，标价清晰、功能介绍明了的商品更能让老年人满意。

【营销智慧】

针对女性消费者的营销策略

品牌方如果想要吸引女性消费者的注意，就要能够抓住其消费心理特点，进行精准营销。

女性消费者感情细腻，容易受自身情感影响而购买产品。因此，品牌在针对女性消费群体进行营销时，可以加入一些情感元素，以获得女性消费群体的认同。

女性消费者更关注产品的外观和时尚感。品牌方如果想要吸引更多女性消费者，就要加强产品的外观设计，让产品在色彩、外形、款式等方面都更加美观时尚。

2.5

满足个性化消费心理，深耕产品

消费者的个性化消费心理是由购买需要、购买动机、个人喜好、性格偏好等多方面共同构成的。营销者唯有掌握个性化消费的心理特点，深耕产品和服务，才能引导个性化消费。

2.5.1　个性化消费的心理特点

个性化消费是指消费者能够根据自己的兴趣爱好、个人意愿来购买商品或服务，通过购买行为去彰显个性或自我独特的价值观。如今，个性化消费变得越来越普遍，它具有以下心理特点：

注重个体感受，重视购物体验

以兴趣为驱动，较为感性

注重商品的趣味性、独特性等

关注消费行为背后的社会价值、文化内涵

个性化消费的心理特点

2.5.2 “深耕细作”，引导个性化消费

企业或品牌方唯有深耕产品和服务，才能满足消费者的个性化消费心理，从而提高其购物体验，逐步引爆销量。

具体可以从以下几个方面去“深耕细作”，引导个性化消费。

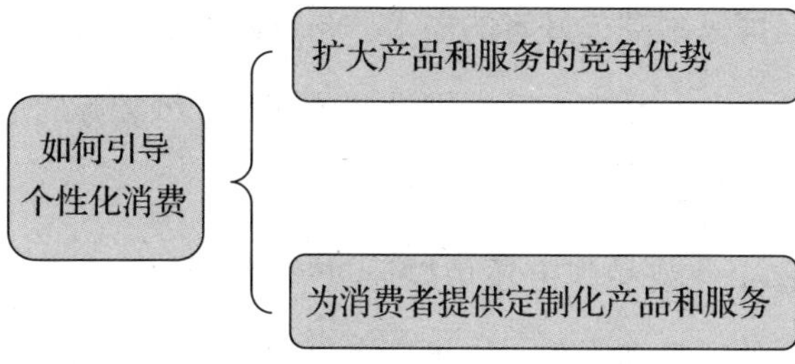

深耕产品和服务，引导个性化消费

第一，扩大产品和服务的竞争优势。

想要扩大产品和服务的竞争优势，打造独特卖点，首先就要重视产品的外形设计，通过具有强烈视觉冲击力的文字标签或图案、颜色、装饰等带给消费者或简约时尚或新颖美观的心理感受。

其次，营销者可以用更特别的方式去展示产品或服务，如华为旗下手机在上线之前，都会提前曝光概念图，以时尚、前卫的概念图去展示新产品，以引起消费者的消费欲望。

第二，为消费者提供定制化产品和服务。

首先，企业或品牌方可以根据消费者不同的喜好、需求推出多种多样的创意产品，让消费者有更多的消费选择。例如，潮玩品牌泡泡玛特推出的创意产品种类多样，有 Molly、Dimoo 等众多 IP 形象，能够满足不同消费者的需求，大大提高了消费者的消费意愿。

其次，企业或品牌方可以为某一消费群体推出定制化产品，以满足其独特的需求。例如，面对如今盛行的国潮风尚，奶茶品牌喜茶为了满足国风国潮爱好者的需求，与舞蹈诗剧《只此青绿》联名推出了特色奶茶，品牌方还特别设计了杯贴、纸袋等周边产品，吸引了大批国风爱好者。

另外，企业或品牌方还可以通过一对一定制模式，为客户提供私人定制的产品和服务，以提高客户的满意度。例如，某家装品牌为客户提供全屋定制的设计和施工服务，给客户带来良好的消费体验。

【营销智慧】

这样做，吸引不同气质类型消费者的目光

人的气质类型可以分为胆汁质、多血质、黏液质和抑郁质四种，不同气质的人有不同的消费心理特征。企业或品牌方可以根据消费者的不同气质制定不同的营销策略。

胆汁质类型的人热情直爽，但容易暴躁。这类消费者一般喜欢彰显个性、风格强烈的产品。企业或品牌方可以设计一些外观个性鲜明的产品，让胆汁质类型的消费者感受到品牌的创造力。

多血质类型的人活泼好动，善于交际。这种类型的消费者对新鲜事物的接受度更高，喜欢新颖时尚的产品。面对这类消费者，企业或品牌方可以推出一些风格奇特、新颖的产品，让多血质类型的消费者对品牌保持新鲜感。

黏液质类型的人情绪稳定，平时表现得安静稳重。这类消费者在购物时往往更加谨慎，考虑范围也更全面，对产品的价格、质量、外观等条件会做全面考量，然后做出最佳的选择。企业或品牌方如果想要吸引黏液质类型的消费群体的注意，就需要注重产品质量，保持价格实惠。

抑郁质的人往往敏感多思，较为情绪化。这类消费者在购物时较为被动，容易受到他人评价的影响，又因其不善交际，所以不愿与人沟通，决策速度缓慢。企业或品牌方如果想要得到抑郁质消费群体的认可，就需要提高产品质量，让抑郁质类型的消费群体放心购买。

2.6

优化售后服务，不做一锤子买卖

售后服务是指在商品售出之后商家提供的各种服务，一般包括客户回访、解决客户提出的问题、商品维修等。售后服务是商品销售中最后的环节，也是重要环节之一。只有做好售后服务，才能够留住老客户，还可能吸引新客户。从营销角度来讲，售后服务本身就是营销的一种。

为了维护品牌的声誉，让品牌能够有长远的发展，必须做好售后服务工作。

首先，在客户完成购买行为之后，商家要做好回访工作，及时询问客户的使用体验。这样做可以及时了解客户对产品的满意度，明确产品存在的优点或者不足，便于产品的升级优化。另外，这样做也可以让客户感受到商家的用心，从而成为商家的回头客。

其次，商家的售后服务要积极帮助客户解决问题，特别是客户在产品使用中出现的问题，售后人员要及时回复，并提供解决方案。这样才能化解矛盾，提高客户的满意度。

最后，在规定产品的售后期限内，商家应为客户提供免费维修服务，特别是一些大型家电。客户完成购买行为后，如果产品在短时间内出现问题，就会对产品质量产生怀疑。如果商家及时提供免费维修服务，则能够留住客户，从而维护品牌声誉。

第 3 章

营销者必知的营销心理定律

营销者如果想要成功制定营销方案，实施营销策略，实现营销目标，就有必要了解并熟练应用相关营销心理学定律，如期望定律、麦吉尔定律、250 定律、二八定律等，进而把握促进消费者购买行为的心理学技巧。

3.1

期望定律：满足消费者的需求

企业或品牌方可以利用期望定律这一常见的社会心理学效应来提升营销效果，持续吸引消费者的关注，从而扩大品牌知名度，提高产品成交量。

3.1.1　利用期望定律进行营销的好处

期望定律是指当人们对某件事怀有某种强烈的、积极的期望时，这件事就很有可能朝着人们所期望的方向发展。在这一过程中，人们的心态变得越来越正向，自信心高涨。

消费者通常对品牌、产品怀有各种期望和需求。例如，期待品牌高端大气或拥有独特内涵，能满足消费者个性化需求；期待产品质量上乘、实用性强等。

深谙期望定律的营销者会习惯性地给予消费者积极的心理暗示，并朝着消费者期望的方向去努力，以此拉高消费者对品牌、产品的正向期待，增加消费者对企业、品牌、产品的好感和信任。这样做往往能够获得让人喜出望外的营销结果，帮助企业和品牌在激烈的市场竞争中站稳脚跟。

利用期望定律进行营销的好处

3.1.2　期望定律在营销中的具体应用

期望定律在营销中的应用十分广泛，如在品牌定位、活动策划、广告设计等环节，都可以利用期望定律来增加营销效果，实现营销目标。

第一，期望定律在品牌定位环节中的应用。

对于营销而言，品牌定位是极其重要的一环。在进行品牌定位时，营销者要充分考虑到目标受众人群的需求和消费期待心理，有针对性地制定定位战略，并以此提高消费者的期待感，增加品牌的美誉度。

例如，某手机品牌的品牌定位主要为“高端、创新、技术领先、用户至上”，这可以有效激起年轻消费者对该手机品牌的兴趣，而随着这个定位的深入人心，该手机品牌也拥有了更多的拥趸，成为国内极具热度的手机品牌之一。

第二，期望定律在活动策划环节中的应用。

企业或品牌方所策划的各种营销活动往往对消费者有着极大的吸引力。这是因为消费者大多对这一类的活动怀有各种各样的期待（一般包括物质上的和精神上的期待），营销者要掌握消费者多元化的心理需求，再对应设计活动环节。

例如，安排购物抽奖、有奖竞答（有奖竞答中设置的问题最好与品牌或产品有关）或砸金蛋环节，通过给予消费者物质奖励的方式满足消费者对活动的期待，令消费者感到物超所值，从而越来越信任品牌、产品；安排新颖的签到方式（如大屏幕滚动播放消费者的签名或个性十足的自拍照等），满足消费者对活动仪式感的期待，提高消费者对活动的参与感和对品牌的好感度。

第三，期望定律在广告设计环节的应用。

广告设计是品牌营销方案的重要组成部分，营销者在构思广告创意、设计宣传语时，可以从消费者的角度出发，使用一些独特的创意或具有感情色彩的宣传语去尽力满足消费者内心的期望值。

例如，某清洁剂品牌在其发布的一则广告中，将清洁剂变身成一个高大强壮的勇士，担负起厨房卫生及消毒的工作，这个形象令消费者顿生安全感，让消费者对该款产品的好感度得到大幅提升。

再如，网易严选的品牌宣传语“好的生活，没那么贵”，这个宣传语迎合了消费者对优质的产品和生活的渴求及向往心理，无形中拉高了消费者对该平台的期望值，使得消费者对平台的信任度得到大幅提升。

3.2 麦吉尔定律：营销要因人而异

为了最大限度地提升营销效果，那些了解并能熟练应用麦吉尔定律的营销者往往会根据目标群体的不同制定多样的策略，因人而异地去开展营销活动。

3.2.1　麦吉尔定律带来的启示

美国罗思莱尔德风险公司前总经理 A·麦吉尔提出，每个顾客都会站在自己的角度上，根据自己的理解、感受去看待和评价品牌、产品或服务。这就是著名的麦吉尔定律。

麦吉尔定律带来的启示是，营销者在制定营销策略时要综合考虑目标用户群体的特性、需求和偏好等因素，而不要指望用一套营销方案就能满足所有用户的需求。对用户而言，营销者拿出的方案或策略越具有针对性，就越能收到理想的营销效果。

3.2.2 利用麦吉尔定律进行精细化营销

麦吉尔定律告诉我们，在竞争激烈的今天，唯有采取精细化营销策略，为不同的客户制订个性化营销方案，才能实现营销效果最大化。利用麦吉尔定律进行精细化营销，可借鉴以下方法：

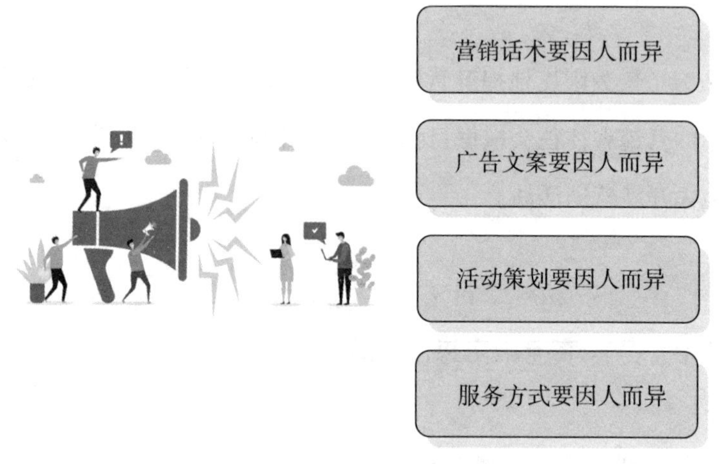

利用麦吉尔定律进行精细化营销的方法

★ 营销话术要因人而异

在面对不同消费者时，营销者要在了解对方的性格、喜好和需求的基础上采取不同的话术，从而有效提升营销效率。

例如，在面对个性强烈、主观意识较强的消费者时，营销者最好顺着对方的话说，时不时肯定对方的见解，争取和消费者达成统一意见。在面对性格较为温和、决断力较差的消费者时，营销者要主动积极地介绍自家的品牌和产品，条理清晰地列举产品优势并向消费者提出建议，进而促进客户做出购买决定。

★ 广告文案要因人而异

广告文案的本质是信息的精细化、策略化传播。营销者在设计广告文案的时候，首先要考虑到不同受众群体的特征、网络行为习惯、消费习惯等，因人而异地输出内容，这样才能达到预期的营销效果。

例如，当七夕节、情人节等节日到来时，餐厅的营销人员可以针对不同的受众人群设计不同的促销文案，如针对情侣可以设计这样的文案："相约浓情时刻，尽享美味大餐，让爱持续升温"；针对一家人可以设计这样的文案："享用人间美味，品味家的温馨"；针对单身人士可以设计这样的文案："一个人的大餐，也能精彩至极"。

★ 活动策划要因人而异

企业或品牌方无论是举办线上还是线下营销活动，都要从活动的目标受众群体出发去确定活动主题、实施方式，选择场地或平台，设计活动环节等，因人而异地策划活动。

例如，化妆品品牌的营销人员可以针对不同的受众策划不同的宣传活动，如针对大学生群体，可策划形式新颖的线下快闪活动；针对都市白领群体，可策划时尚、高端的晚宴活动等。

★ 服务方式要因人而异

不同年龄、性格的消费者有着不同喜好与需求，企业或品牌方要采取不同的服务方式。

例如，在面对“精挑细选型”顾客时，作为一家服装店的导购应当根据顾客的要求，要不厌其烦地拿出不同款式、型号的服装，从面料、价格等方面向顾客耐心地讲解；在面对“内向型”顾客时，导购人员应当温和有礼地站在一旁，等顾客提出问题后再上前服务。

3.3
斯通定理：被客户拒绝也许是转机

优秀的营销者往往会将客户的拒绝视为展现自我专业的职业态度、职业技能的机会，全力以赴地去争取客户的信任。这时候，被客户拒绝反而会成为下一次成功营销活动的开始，这恰恰印证了斯通定理。

3.3.1　什么是斯通定理

美国的销售奇才斯通曾说过，如果分别采取积极和消极的态度去面对同一件事，可能就会得到两种截然不同的结果。这就是斯通定理。

斯通定理告诉我们，事在人为，态度决定一切。对营销者而言，态度是重中之重。即使面对客户拒绝，营销者也要保持乐观向上的态度，保持继续前行的信念和动力，只要从失败中学习并总结经验，就可能化危机为转机。

出色的营销技巧加上坚持不懈、永不放弃的积极态度，营销者才会更容易达到营销目标。

3.3.2 用正确的态度面对客户的拒绝

斯通定理证明，被客户拒绝并不可怕，只要运用正确的态度去面对，就可能扭转被动局面，赢得消费者的信任。

从容面对客户拒绝，不断尝试

分析被客户拒绝的原因，不断改进

及时复盘，为下一次营销活动做好准备

用正确的态度面对客户的拒绝

★ 从容面对客户拒绝，不断尝试

积极的态度对营销者而言至关重要，毕竟在真正取得消费者的信任之前，被其拒绝是一件再平常不过的事。面对消费者的拒绝，营销者首先应该冷静下来，从容接受对方的拒绝，然后尝试着转换营销的角度和方式，以重新引起消费者的兴趣。

如果无法在当下说服消费者，营销者不妨在今后寻找更合适的时机和方式进行营销活动。对营销者而言，被客户拒绝后千万不能气馁，只要拥有不断尝试的勇气，就能迎来转机。

★ 分析被客户拒绝的原因，不断改进

被消费者拒绝有着各种各样的原因，大多表现在价格、服务、商品本身（质量、外观等）等方面。营销者要着重分析消费者不满意的原因，并及时调整营销策略，为获取消费者的好感与信任做最大的努力。

例如，如果消费者对价格不满意，营销者就可以安排更多的促销活动，激起消费者的购买欲望；如果消费者对服务不满意，营销者就要立即安抚消费者的情绪，端正服务态度，主动提升服务质量，站在消费者的角度为其分忧解难，用行动去扭转消费者产生的不良印象；如果消费者对商品的质量、外观不满意，营销者就要及时将消费者的意见反馈给企业或品牌方，加速优化产品外观设计和提高产品质量，以提升消费者的体验。

★ 及时复盘，为下一次营销活动做好准备

无论营销活动的过程顺利与否，营销者都要及时地复盘，总结经验，以便为下一次的营销活动做出指导。例如，营销者要在每一次营销活动结束后总结被客户拒绝的次数、原因及更容易被哪些客户人群拒绝，并提出应对方案。做好准备后，营销者才能有条不紊地去应对下一次的挑战。

总而言之，在进行营销活动的过程中遭遇客户拒绝是很正常的事。营销者应当将斯通定律牢牢记在心里，视客户拒绝为自己学习、成长的开始。只要不放弃，一切皆有可能！

3.4

250 定律：不要得罪消费者

深谙 250 定律的营销者会将每一位消费者都当成“潜力股”，尽力满足每位消费者的需求，同时避免得罪任何一位消费者。因为任何一位消费者背后都可能站着一群人，他们都可能对企业或品牌方的发展产生不可忽视的影响。

3.4.1　高效营销的 250 定律

美国知名推销员乔·吉拉德曾提出这样一个理论：每一位消费

者身后都有一张错综复杂的人际网，如果营销者取得了一位消费者的好感与信任，就至少赢得了 250 名潜在消费者的好感与信任；相反，如果营销者无意中冒犯了一位消费者，就极有可能失去至少 250 名潜在消费者，可谓是损失惨重。这便是 250 定律。

250 定律是每一位营销者都应牢记在心的营销法则，是营销制胜法宝之一。遵循、利用这一心理定律，营销者就能获得越来越多消费者的信任，逐步实现最初的营销目标。

3.4.2 用好 250 定律，善待每一位消费者

在营销过程中，营销者要牢记 250 定律，服务好每一位消费者，以此“激活”越来越多的资源。

不放弃任何一位潜在的消费者

挖掘消费者背后的关系网

注重售后服务，让消费者成为你的代言人

用好 250 定律，“激活”更多资源

★ 不放弃任何一位潜在的消费者

无论是线上还是线下营销，企业或品牌方都应当试图获得每一位潜在消费者的好感与关注。例如，门店销售人员在接待每一位顾客时都应保持热情、周到的服务态度，力求让顾客满意；线上营销人员要通过积极地与评论区的用户互动、向用户提供免费小样等方法争取越来越多的消费者的信任，将潜在消费者转化为购买者。

★ 挖掘消费者背后的关系网

营销者可以从消费者入手，有意识地去挖掘、利用消费者背后的关系网，以此“激活”更多资源。具体做法是营销者可以收集每一位消费者的信息（如年龄、生日、消费喜好、家庭情况等），为其建立消费者档案，并在之后的服务过程中不断完善这份档案。

消费者档案记录得越详细，就越能帮助营销者及时掌握其动态并有效挖掘其他潜在消费者。

★ 注重售后服务，让消费者成为你的代言人

营销是一个连续的过程，产品售出并不是营销活动的结束，如

果营销者不注重售后服务质量，不切实履行购买产品时做出的承诺，之前所做的营销工作都可能化为泡影。想要真正提升营销效果，营销者就要在售后服务上多下功夫，最大限度地保障消费者的权益，让消费者成为品牌方、产品的代言人，以此带动其身边的人消费。

综上所述，营销者要用优质的产品和服务去争取越来越多的消费者的信任，而不能因种种原因而轻视、怠慢任何一位潜在的消费者，以免产生负面连锁影响，失去一大批潜在的消费者。

【经典案例】

巧用250定律，赢取人心

某知名火锅品牌常年位列“全国十大受欢迎火锅品牌”的榜首，深受顾客的欢迎与喜爱。有网友说，这家火锅品牌正是因为将250定律运用得出神入化，才能稳居“火锅一哥”的位置。

这家火锅品牌旗下的火锅店对每一位进入店里消费的客人都给予热情与关注，并提供优质服务。

火锅店内提供的服务质量之高、内容之丰富尤其令人惊叹。例如，在店内无空座，新来的顾客需要等待时，服务员会立刻带领这位顾客前往等候区，并告诉他可免费享用各种小吃、饮品；顾客用餐时，服务员会不时上前，主动为其更换热毛巾，并为长头发的女士提供可爱的发夹、皮筋等饰品，方便她们用餐；餐后，女士还可以在店内享受免费美甲服务……

凭着无微不至的服务，这家火锅品牌赢得了顾客的青睐。很多顾客不仅成为该品牌的忠实客户，还主动为其宣传，由此吸引了越来越多的新客户进店体验，该火锅品牌的口碑也水涨船高。

3.5

二八定律：抓住重要的客户

二八定律告诉我们，做事要有重点。在营销领域亦是如此，面对 20% 的重要客户，营销者有必要付出更多的时间和精力去获得这一群体的信任。唯有牢牢抓住重要客户，营销者才能赚取更多利润。

3.5.1　营销需遵循二八定律

意大利经济学家帕累托曾提出这样一个观点，80% 的社会财富往往掌握在 20% 的人手里。罗马尼亚管理学家约瑟夫 · 朱兰根据帕累托所提出的观点，结合自己的研究进一步总结出这样一条定律：在很多时候，一小部分重要因素往往能够直接改变事情的走向，甚至决定事情的结果。这就是著名的二八定律。

二八定律给予营销者的启示是，在营销工作中要分清主次，紧抓关键项目、关键人物，与其将时间和精力浪费在无关客户身上，不如重点挖掘、维护好 20% 的重要客户，因为这 20% 的重要客户带给营销者的极有可能是 80% 的收益。

3.5.2 如何抓住 20% 的重要客户

根据二八定律，抓住 20% 的重要客户能最大程度地发挥营销作用，实现营销目的。那么，如何做才能抓住 20% 的重要客户呢？可参考以下做法：

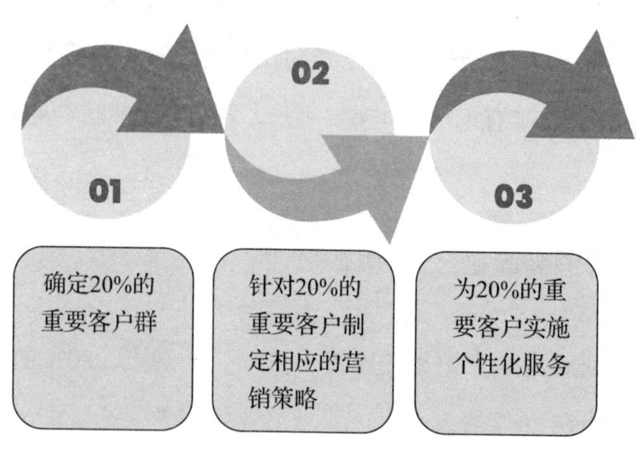

如何抓住 20% 的重要客户

首先，营销者需要确定哪些客户属于 20% 的重要客户。对此，营销者至少需要掌握以下问题的答案：客户群体的特征是什么？这些客户都购买了哪些产品 / 参与了哪些营销活动？哪些客户是长期活跃客户？哪些客户复购率高 / 贡献了较高的营收占比率？在此基础上，营销者还要进行相应的客源调查、分类、筛选等工作，并以数据、图表等方式直观地展示结果，进而甄别客户，确定 20% 的重要客户群。

其次，针对 20% 的重要客户制定相应的营销策略。在确定了重要客户群由哪些客户组成后，营销者可针对这部分客户的特性、喜好、消费习惯制定详细具体的营销方案、策略，甚至进行一对一深度营销，让营销效果加倍。

最后，营销者要主动为 20% 的重要客户提供个性化服务。例如，根据客户的需求去提高产品性能或定制个性化产品，在既定产品价格基础上给予客户更多的优惠等。这些举措都能帮助营销者与 20% 的重要客户建立长期稳定的信任关系，最大限度地挖掘这一客户群体的价值。

【营销智慧】

这样做，有利于维护老客户

在实际营销过程中，很多营销者发现，企业或品牌方的重要客户、重要客户群体往往是由老客户组成的，20% 的老客户往往能够带来 80% 的利润。

由此可见，维护老客户比开发新客户更重要。如果营销者在开发新客户的过程中遇阻，不妨转换思路，将更多的时间和精力放在老客户身上，与老客户建立更为密切的关系。

那么，如何做才能维护好老客户关系呢？可参考以下建议：

- 与老客户保持联系，做好精细化回访。例如，电话回访老客户，询问老客户对产品的使用感受，或登门拜访，帮助老客户解决产品使用过程中出现的问题。
- 及时送上生日、节假日关怀。在老客户生日或节假日到来时，可通过电话、微信等方式向老客户送上祝福或精美的礼品。
- 利用微信群与老客户互动。营销者可以为所有的老客户建立一个微信群，时不时地在群里发一些福利或举办线上促销活动，以增加老客户的黏性。

3.6 哈默定律：趋利避害才有可能成功

美国企业家阿曼德·哈默告诉我们，只有蹩脚的营销，没有做不成的买卖。营销者如果能懂得趋利避害，成功挖掘出消费者与产品、品牌方之间千丝万缕的联系，即使营销条件差，也有极大的概率去扭转被动局面，进而成功实现营销目标。这就是哈默定律。

3.6.1　哈默定律的核心内涵

日本的销售高手夏目志郎曾将一本儿童英语词典卖给一位农

夫，成为销售界的一段佳话。在游说农夫的过程中，夏目志郎首先着重强调英语在未来社会的重要性；其次，向农夫提出假设，如果农夫的孩子学会英语相当于多一门实用技能傍身，将来将前途无量；最后，他又说，让孩子从小养成学习英语的习惯是非常重要的，这本儿童英语词典相当于一位好老师，能终日陪伴在孩子身边，帮助孩子解决在英语学习过程中出现的各种难题，帮助孩子养成学习英语的好习惯。靠着这样一番“攻心”策略，夏目志郎成功将这本书卖给了农夫。

这个经典的营销案例正体现了哈默定律的核心内涵，即在营销过程中，想要打开消费者的心门，就一定要懂得趋利避害，即努力找出消费者与产品、品牌方之间的联系，在消费者最感兴趣的地方多下功夫，而避免提及消费者不感兴趣的或与产品、品牌方毫无关联的内容。

3.6.2 如何利用哈默定律打开客户的心门

熟悉哈默定律的营销者在营销过程中常常能够打破常规，创新思路，将引导消费者心理、创造消费者需求的营销心理学技巧应用得游刃有余。想要利用哈默定律去打开消费者的心门，就一定要掌握以下技巧。

转换视角，打破常规的思考方式

深入分析，找到营销优势和劣势

扬长避短，在营销优势上大做文章

如何利用哈默定律打开客户的心门

★ 转换视角，打破常规的思考方式

当陷入营销困境时，营销者想要扭转被动局面，就要冲破经验主义的束缚，积极地创新思路，学会换一个角度去看待问题。

例如，营销学理论中有这样一个经典案例：一位销售员将几千把梳子成功卖给了没有头发的和尚。这个销售员之所以会成功，是因为他转换视角，想到和尚虽然不需要梳子，但前来拜佛烧香的信众却极有可能需要梳子来整理仪容。当他从这一点入手，去说服寺庙里的和尚时，果然成功促成了这笔买卖。

★ 深入分析，掌握营销优势和劣势

营销者的工作并不是向消费者生硬地灌输品牌理念，或将产品强硬地塞给消费者并从中大获其利，这样做只会将消费者越推越远。

营销者要做的，是在全面了解、分析当前的市场形势的基础上，从多方面入手去找准企业和品牌方的“闪光点”，同时深入挖掘消费者的需求（包括潜在需求），从而真正知晓营销优势和劣势，并据此制定营销策略。这样的营销策略才具有针对性，在将企业和品牌方优势“发扬光大”的同时，可以顺利打开消费者的心门。

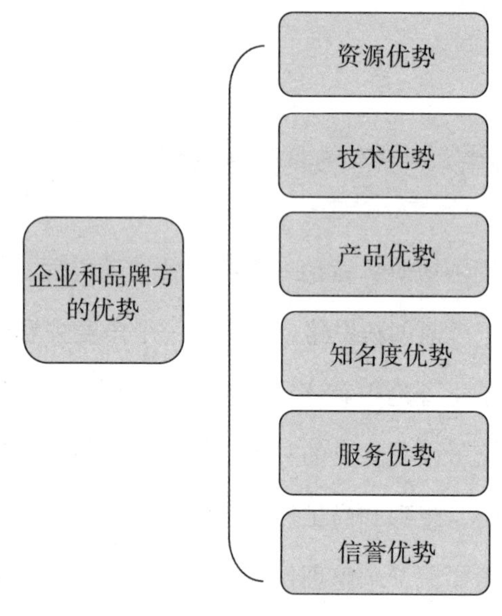

企业和品牌方的优势

★ 扬长避短，在营销优势上大做文章

在具体制定营销策略的过程中，营销者一定要懂得扬长避短，瞄准营销优势，尽可能地回避劣势。上述案例中，夏目志郎在说服农夫的过程中，谈到的都是这本儿童英语词典能给农夫的孩子带来的好处，但对这本书的内容枯燥艰深等特点却避而不谈，这才“步步为营”，成功说服了农夫。

简而言之，对优秀的营销者而言，只要合理利用哈默定律、掌握趋利避害的营销方法和话术，就能扭转被动局面，实现高效营销的目的。

3.7

金斧头定律：不要对消费者撒谎

金斧头定律揭示了这样一个道理，在开展营销工作的过程中，企业或品牌方如果出现任何欺骗消费者的行为，都会浇灭消费者的信任之火，严重威胁企业或品牌方的长远发展。因此，不要对消费者撒谎，是每一个营销者都应牢记在心的规则。

3.7.1　金斧头定律在营销中的重要性

金斧头定律的含义是，诚实守信能赢得人心，得到回报；违诚失信的行为非但无法获取利益，反而可能本利两失。

在营销过程中，营销者如果忽视了金斧头定律，故意欺骗消费者，非但不会取得预期的营销效果，反而会导致企业、品牌方形象受损，营销者本人的诚信也会化为乌有。

3.7.2　诚信营销，对消费者负责

想要得到消费者的信任，增加消费者黏性，营销者就一定要开展诚信营销，在广告宣传、产品质量、价格、服务上都不要对消费者撒谎，而要对消费者负责。

★ 在广告宣传上不要对消费者撒谎

首先，营销者在为品牌或产品所设计的广告语中不得含有虚假信息，不得出现过分夸大或含糊其词、容易误导消费者的内容。

其次，营销者在组织、开展促销活动时，应保证活动宣传语及承诺的活动项目、促销福利等都是真实的，不可利用虚假的宣传信息去欺骗消费者。

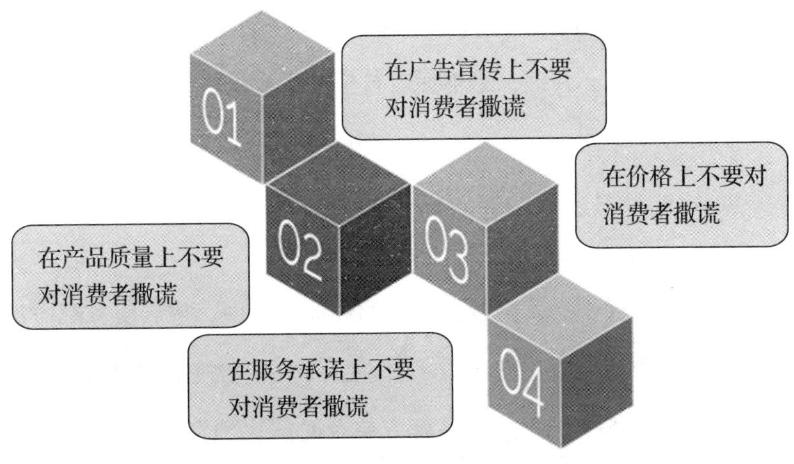

诚信营销体现在四个方面

★ 在产品质量上不要对消费者撒谎

产品质量是企业或品牌方的立足之本，如果售卖给消费者的产品（包括有形和无形）在质量上出现问题或无法达到相关标准，企业或品牌方很快就会失去消费者的信任。此时，企业或品牌方做再多的营销活动也很难挽回消费者的信任。

★ 在价格上不要对消费者撒谎

营销者应遵守市场价格秩序，秉持合法、诚实守信等原则，为广大消费者提供质价相符的商品和服务。在使用商业促销手段时，要确保标价真实、合理，绝不凭着打折、甩卖的幌子欺骗消费者。

★ 在服务承诺上不要对消费者撒谎

在营销过程中，营销者所承诺的售前、售中、售后服务都应逐一兑现，给予消费者更好的服务体验，不得有欺骗消费者的行为。尤其在售后服务中，企业或品牌方要及时解决消费者反馈的问题，自觉兑现无理由退货、更换、维修等承诺，不能逃避责任。

第 4 章

金牌营销员与消费者的心理博弈

与其说营销是一个“安利”过程，不如说营销是一场心理博弈。一位金牌营销员要想在这场心理博弈中取得胜利，不仅要观察消费者微妙的心理变化，而且要消除消费者的心理疑虑，还要帮助消费者了解自身的需求。所以，营销员要掌握一定的心理学知识，用心观察，换位思考，进而抓住消费者的心，提高销售效率。

4.1 熟悉商品，熟悉消费者的“痛点”

在售前准备中，营销者首先要做的就是熟知商品卖点，只有对自己要销售的产品特点了然于心，才能掌握产品的卖点，并进一步抓住消费者的“痛点”，激发消费者的购买行为。

4.1.1　熟悉商品，做到了然于心

熟悉商品，不仅能更好地向消费者做产品推荐，还能根据与消费者初步沟通获取的信息，迅速匹配合适的营销方案。

营销员需要了解、掌握的除了商品本身的信息，还包括市面上的同类商品或替代商品的相关信息。

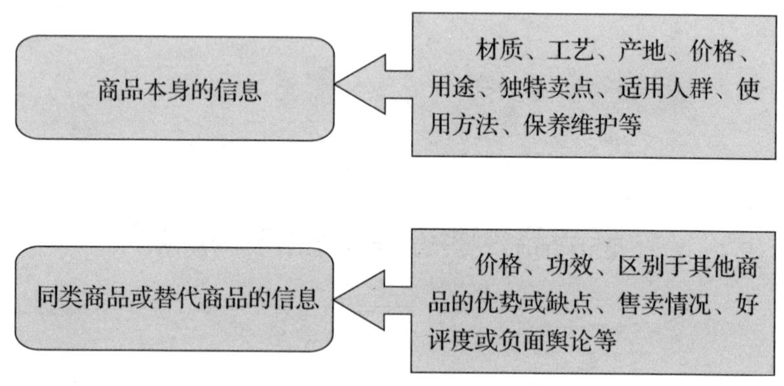

熟悉商品，做到了然于心

4.1.2 洞悉消费者需求，抓住消费者“痛点”

营销者除了要熟悉商品信息，还要熟悉消费者的“痛点”。唯有洞悉消费者的心理需求，抓住消费者的“痛点”，营销者才能逐步引导消费者购买自家的商品，从而大幅提升商品成交率。

想要抓住消费者的“痛点”，首先需要观察消费者的行为特征，并以此分析消费者的消费喜好和习惯。例如，通过观察、询问等方式得知消费者的消费目的（为自己购买或送礼等）、购买方式（更喜欢线上或线下）、购买频率（高或低）等，掌握这些信息后，营销者便可以有针对性地向消费者推荐商品或提前做好营销预案。

其次，营销者要习惯站在消费者的角度思考问题，想消费者所想。在实际营销过程中，很多营销者并不重视这一点，反而一味地关注自己产品的卖点，但其实一个商品的卖点有很多，未必全都适合消费者，其中每个消费者都有自己看中的产品特性。只有站在消费者的角度想问题，才能更准确地判断出消费者的“痛点”，然后针对消费者的这些“痛点”，给出相应的推销方案。

最后，营销者要注意收集消费者反馈的信息，根据这些信息来找出消费者真正的需求，抓住消费者的“痛点”，进而调整营销方案。

总而言之，只会临阵磨枪的营销者很难走得更远。只有知己知彼、未雨绸缪，营销者才能在销售领域以不变应万变。

4.2

关注自身，让消费者信赖你

营销者在钻研营销法则、熟悉市场行情的同时，也要关注自我的提升与发展，如通过各种渠道、方法去提升自己的能力和素质，如此才能获得越来越多消费者的信赖。

4.2.1　提高和展现专业性，以专业素养征服消费者

营销者在平时要注意加强专业修养，如熟记企业或品牌的产品信息，理解并掌握更多的专业术语，了解相关国家政策或行业发展动向，熟知公司老客户的消费习惯、喜好等。只有在平时下足功

夫，才能在关键时刻以专业的素养和表现说服消费者，如精准地为消费者推荐商品，为消费者答疑解惑等。

4.2.2 注意营销礼仪，展现稳重、大方、自信的气质

营销者的一举一动都影响着消费者对他的印象和评价。正因如此，营销者在平时还要多多注意学习营销礼仪方面的知识，言谈举止都要展现出其落落大方、稳重的气质。例如，营销者的谈吐要得体、自然，展现出其良好的修养；体态要优雅、大方，站有站相、坐有坐相，并始终保持微笑，给人以精神饱满、自信热情的印象。

注意营销礼仪，展现自信大方的气质

4.2.3　注重修饰外表，给消费者留下良好的印象

良好的外在形象能帮助营销者更快地获得消费者的重视与信任。因此，营销者还要注重修饰外表，用得体的着装来彰显自己的品位，使其成为自己职场中的加分项。例如，营销者的着装要整洁、熨帖、合体；发型、佩饰等要与着装相得益彰；妆容要得体、自然等。

4.3

察言观色，了解消费者的需求

心理学家研究发现，在了解一个产品的过程中，消费者可能会产生一系列复杂且微妙的心理活动，而这些心理活动往往会直接反映在他们的面部表情上。因此，在营销过程中，营销者要懂得察言观色，仔细观察消费者的微表情，这既是了解消费者的内心需求的方法，也是一名优秀营销员必备的技能。

4.3.1 看懂消费者的眼神变化

眼睛是心灵的窗口，营销者可以从消费者的眼神中捕捉其内心深处的想法，了解消费者需求。

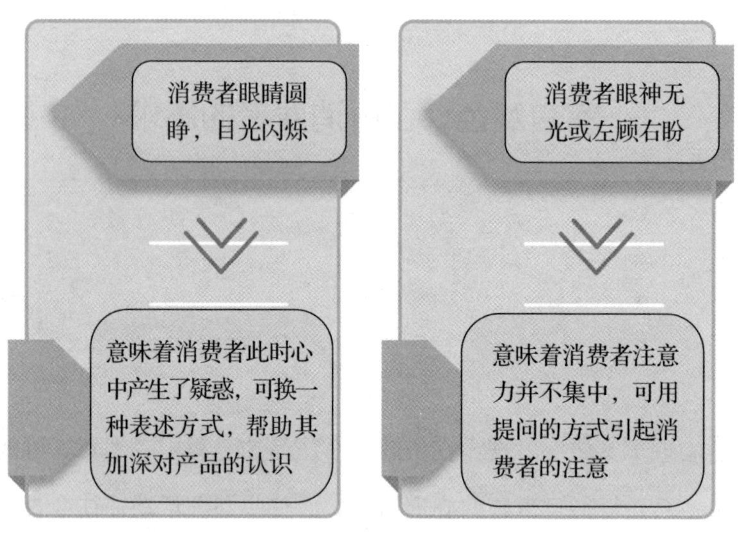

看懂消费者的眼神变化

如果发现消费者眼睛微微圆睁、目光闪烁，就意味着消费者此时并没有听懂营销者的意思，或者对产品的性能或使用方法等方面有许多不解之处。这时候营销者应该换一种表述方式，耐心地介绍产品的相关信息，帮助消费者理解并加深对产品的认识。

如果消费者眼神无光或左顾右盼，则说明消费者此时的注意力并不集中或对营销者所介绍的产品信息并不感兴趣，此时营销员需要迅速提炼产品卖点，以产品的独特卖点引起消费者的兴趣；或者通过向消费者提问的方式去拉回消费者的注意力，如问消费者："您是油性皮肤还是干性皮肤呢？""您平时喜欢用哪种类型的护肤品？""您以前有使用过我们品牌的护肤品吗？"

4.3.2　读懂消费者的唇部语言

营销员可以通过唇部语言去判断消费者的态度，了解消费者的需求。

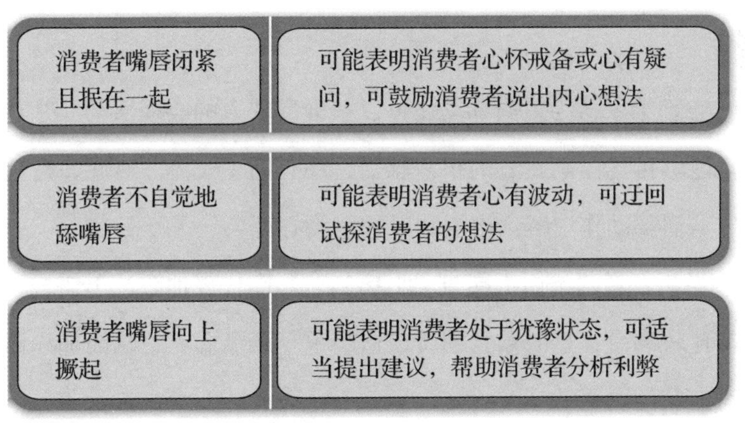

读懂消费者的唇部语言

如果看到消费者嘴唇闭紧且抿在一起，其很可能此刻正处于防卫心理或者对产品有疑问的状态中，这时营销者可以主动询问其是否有问题需要解答，让消费者说出心里的想法。

如果消费者时常舔嘴唇，可能代表他内心有所波动，但是在尽量地压抑着兴奋或紧张的感觉，营销者可以通过类似“我看您对这款产品好像很感兴趣”“您对这款产品貌似有一些自己的想法”这样的话术去试探消费者的想法。

如果看到消费者嘴唇向上撅起，可能是他正在犹豫或纠结，这个时候营销者可以适当提出自己的建议，或通过主动为消费者分析每种产品的利弊的方式，来帮助消费者判断哪款产品更适合自己。

4.3.3 解读消费者的眉部动作

心理学家认为，眉部动作可以精准反映人的心理活动。“眉语”不仅能够传达出消费者的很多感受，还有助于交流。对此，营销者可以从眉部动作中解读出消费者的消费心理。

当消费者两条眉毛同时向上扬起时，则代表他心情不错，且对产品比较满意，这时候营销者应适当重复产品卖点，从而加深消费者对产品的购买欲望。

如果消费者的两条眉毛一条上扬一条下降，则表示他此时心中泛起了疑惑，可能是对产品存疑，也可能是对营销者的介绍不认同。此时，营销者需要耐心地对产品做进一步的介绍与展示。

当消费者的眉毛皱起时，则代表他内心不赞同或不满意，可能是针对产品，也可能是针对服务。营销者可以通过询问的方式去判断消费者的不满意是哪一种类型，如“您不喜欢这款产品吗？”“您对我的介绍还满意吗？”通常情况下，消费者会说出自己的想法，其内心的不满也会因为营销者的询问有所化解。营销者切记，不要在消费者眉头紧皱时继续将关注点放在销售产品上，否则很容易加深消费者的不悦感。

4.3.4　听懂消费者不同的笑声

笑声中蕴含着丰富的“语言”，可以传递出诸多情感。不同的笑声可以反映出消费者不同的心理，营销者还可以根据消费者的笑声来判断其内心想法，进而做出反应。

消费者轻声笑，代表消费者比较开心，或者对营销员的介绍感到欣喜与愉悦，对产品感到满意。此时，营销员可以询问消费者具体是对产品哪方面感到满意，然后根据消费者的回答去着重介绍这方面的内容，加深消费者对产品的好感。

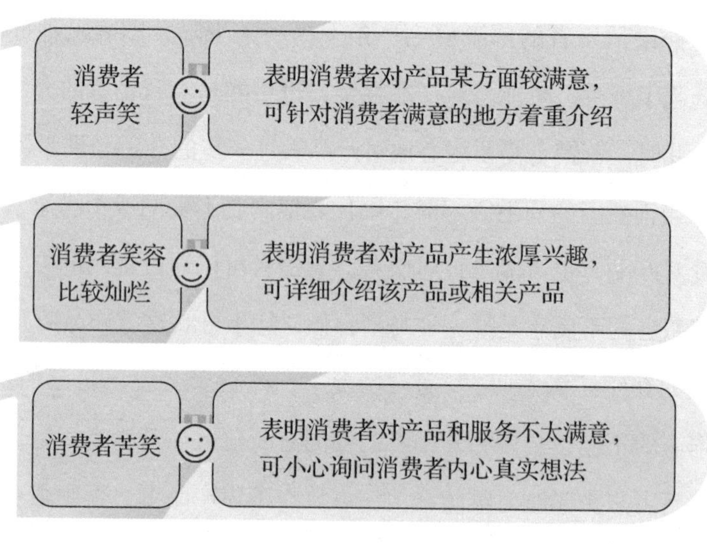

听懂消费者不同的笑声

如果在交谈过程中，消费者的脸上笑容灿烂，并且发出了笑声，说明他可能是对营销者介绍的产品产生了浓厚的兴趣，这时营销者可以针对此产品做更详细的介绍，在适当时机，也可以顺便推荐一些相关产品，让消费者保持兴奋的状态，从而增加消费者的购买欲望。

如果看到消费者脸上露出苦笑，说明他对产品或服务不是很满意，营销者此时可以试探地问消费者“您对这款产品不满意吗？”“您觉得这款产品不适合自己吗？”通过类似话术去了解消费者的想法。

其实察言观色，并不只体现在上述提到的那些面部动作上，还有一些其他的面部细节也能反映消费者不同的想法，如鼻部动作、头的摆动细节等。这些都需要营销者花费时间去细细研究。

【营销智慧】

察言观色，“观”的是什么？

营销者唯有懂得察言观色，才能及时了解消费者的需求，洞察消费者的心理变化，促成交易。

对营销者而言，察言观色，除了要观察消费者的微表情变化，还需要观察以下信息：

- 消费者的外在特征。例如，消费者的年龄、性别、衣着打扮、说话语速、说话方式、走姿、站姿、坐姿等。这些信息有助于营销者判断消费者的消费能力、消费喜好。
- 消费者与随行者之间的关系。例如，母女关系、夫妻关系、情侣关系等。这些信息能帮助营销者判断结伴而来的消费者中谁拥有最多的话语权或者谁最有可能是最后出钱购买的人。
- 消费者对产品的熟悉程度。它能帮助营销者判断消费者的购买频率（是第一次购买还是习惯性购买）、消费心理（求实——讲究实用价值；求新——追求潮流、时髦；求美——注重产品包装、外形设计）等。

4.4

细致入微，看懂消费者的“小动作”

一定不要小看消费者的一些“小动作”，往往就是这些容易被人忽略的细节，最终决定了交易的结果。所以，除了察言观色，营销者还可以从消费者的小动作中获取有用信息。营销者通过细致入微的观察，可以捕捉消费者的一些“小动作”背后的心理需求，进而为其提供体贴且恰当的服务，从而实现成功营销。

4.4.1 抓摸下巴

在现实生活中，细心观察会发现，当人在思考时，会下意识地去抚摸或托下巴。那么在销售情境中，消费者做这个动作是在思考什么呢？

通常情况下，他们是在思考商品的用途，或衡量商品的价值等。营销者若是看到消费者抚摸下巴，就可以主动地再多介绍一些商品的卖点，如果消费者听到自己感兴趣的信息，就会用点头或者皱眉等其他动作给予回应，或者会直接打断你的介绍，提出自己的问题。营销者可以根据这些动作与表情再进一步判断消费者的内心想法，从而达到成功营销的目的。

4.4.2 脚尖踮起或脚跟离地

微行为心理学告诉我们，当一个人比较兴奋时，脚也会不自觉地动起来，做出踮起脚尖等动作。当营销者介绍产品的某个卖点时，发现消费者有脚尖踮起或脚跟离地的动作，基本可以判断消费者对此卖点很感兴趣。这个时候，营销者可以针对此卖点展开更详细具体的介绍，在增加消费者兴奋感的同时，满足其求知欲，从而促进销售的完成。

4.4.3　点头频率加快且目光游离

“点头”这个动作，并不完全意味着赞同与认可，有些时候，频繁点头也可能是敷衍与厌烦的表示，表示消费者不想再听下去，又觉得反驳没什么必要。与此同时，如果消费者的目光处于游离状态，那就说明他对当下的产品彻底失去了兴趣。

这个时候，营销者应该把握好自己的分寸感，不要再去做可能引起消费者反感的事情，而是应该先停下来，安静地观察顾客接下来的动作或关注对象，重新寻找顾客需求的突破口。或者耐心等待消费者主动说出自己的需求，再根据消费者的需求提供相应的销售服务。

4.4.4　双手交叉或将随身携带的东西护在身前

消费者将双手交叉护在胸前，或者将随身携带的东西放置在身体正前方，这是一种典型的心理防御姿势，说明消费者此时可能产生了戒备心理。

当消费者做出这样的举动时，营销者基本上就可以做出判断，当前的商品并不符合消费者的需求，或者自己的营销方式没有获得消费者的认可。此时，营销者应该做的是，通过其他话术或服务细节去拉近自己与消费者之间的距离，如调整自己的语态，压低自己的身体，或者对消费者表示一定的关心，让他们放松下来。当消费者放松下来时，他的动作会相比之前变得更自然与柔和，这时候营销者再去做产品介绍可能效果更佳。

在日常销售中，营销者除了要观察消费者的面部表情，还要细心观察他们头部、脚部、肘部及手部的动作，从中获取更多消费者没有言说出来的内心活动信息。营销员只有掌握了消费者每一个“小动作”背后的真正含义，才能了解消费者的需求，更好地服务消费者。

【经典案例】

推销产品时应找准时机，顺势而为

营销员王某在一次新品交流会上遇到了客户刘某，王某想趁机将自己公司的新产品介绍给刘某，于是主动上前询问道："刘总，我们公司最近研发了一款新产品，在性能和外观上都做了升级，方便让我给您介绍一下吗？"

刘某做了个稍等的手势，王某马上将自己的产品往身后收了收。只见刘某叫来了自己的朋友，一边向其介绍王某，一边轻拍王某的肩膀。王某见刘某对自己很亲近，便大胆地向两位靠近了一些，并拿出产品，恭敬地递给刘某。见两人围绕此产品进行研究交流，并时不时点头微笑，王某找准时机，为他们做了更详细的产品讲解。这次活动后，刘某很快联系了王某，约定了下次会谈的时间。

其实，王某破解刘某心理密码的关键就在于他一直在观察客户的"小动作"。打手势、拍肩膀、点头微笑等一系列动作，代表客户心情不错，有兴趣听一听、聊一聊。这就给了王某进一步推销的信心和动力。这个时候他找准时机加入两人的谈话中，不仅不会显得不礼貌，反而增加了大家的讨论积极性，更有助于销售的完成。

4.5

话中有话，读懂消费者的潜台词

销售就是一个要不断与消费者沟通，不断识别消费者话中含义，不断读懂消费者的潜台词，最终完成交易的过程。营销者在回答消费者各种各样的问题时，要能读懂那些话语背后的真正含义，进而有效地帮助消费者消除顾虑、解答疑惑等，最终达成交易。

4.5.1 “考虑考虑”，是什么意思

在购物的过程中，消费者时常会说“考虑考虑”。当消费者说

“再考虑”一下时，是不是意味着他真的在“考虑”呢？实际上，当消费者说“我考虑考虑”时，很可能是在表达拒绝。如果营销者觉得消费者只是在犹豫，等考虑好了自然会回来找自己，那么很可能这一单交易就在这里终止了。

正确的做法应该是顺着消费者的说话方向做进一步询问或解答。例如，“先生，可能我对产品介绍得还不够详细，我再和您具体说一下产品的性能”。再如，“女士，如果您对产品或服务有任何不满意的地方，请都告诉我，我真的希望能为您分忧解难”。营销者要保持礼貌的态度，直接向消费者询问他心中的顾虑因素，并根据这些因素为消费者提供合适的解答或应对方法，就可能为自己的下一步营销打开大门，从而避免客户的流失。

4.5.2　到底是谁“做不了主”

在销售过程中，有些消费者可能会说“我不能做主，需要回去商量一下”，这并不代表交易就此结束。消费者口中的“无法做主”或许是真的，或许是婉拒营销者的借口，这些原因都有可能，所以要认真分析真相。

当消费者表示自己“做不了主”时，营销者可以尝试询问消费者购买此产品的用途，是送人还是帮别人代买，如果是前者，可以再询问一些收礼人的品位与喜好，据此为消费者推荐合适的产品，帮助消费者更精准地做出选择。有时，适当补充一些“能给对方带来惊喜”等话术，很可能会影响消费者的决定。

如果是帮朋友代买，营销员可以尝试让消费者当场联络一下代买对象，这样既可以直接得知对方的需求，也避免让消费者跑空。

如果以上两种情况都不是，那么很可能是消费者自己不想购买此商品，这时营销员就不要再过多地询问对方，以免引起他的反感。

4.5.3 “去别家看看”的心理动机

在销售过程中，可能会听到消费者说：“我想再去别家看看。”消费者的潜台词是“我想要货比三家，最终再决定是否购买”。

遇到这种情况，营销员如果任由顾客走掉，很可能就会流失这一个订单。正确的做法是，通过询问的方法去了解消费者想去别家看的是什么。

这时消费者可能会给出答案，说出自己对产品的考量，根据消费者的回答，营销者可以从多个方面帮助他做对比与分析，主动将自己的产品与别家的产品做对比，让消费者在自己这里就可以对所要购买的产品做更全面的了解，那么他们自然就不会再花费时间

“去别家看看”了。

通过提问的方式去了解相关信息

如果消费者坚持要去“别家再看看”，营销员也要礼貌待人，并回复一句：“有需要随时回来，任何问题我们都为您解答。”

4.6

克制推销冲动，一切为消费者着想

在销售产品的过程中，营销者就算再着急推销产品，也要适时克制自己的推销冲动。只有懂得换位思考，站在消费者的角度想问题，一切为消费者着想，消费者才肯心甘情愿地购买产品。

4.6.1　不要一上来就推销产品

面对消费者，优秀的营销员都会理性且自然地向消费者介绍产品，并且懂得转换自己和消费者的身份及立场，而不是一开始就急着推销自己的产品。

如果一上来就向消费者推销产品，不仅会“吓跑”消费者，还可能给消费者留下不好的印象。营销员首先应该“静观其变”，待了解消费者的购买意愿与需求后，再进行有针对性地介绍。

4.6.2 介绍产品要适可而止

在做产品介绍时，若消费者直接表示不需要此产品，营销员就不宜再继续做推荐，而是应该马上转变话术，询问消费者需要什么样的产品。若此时消费者仍旧表示拒绝，营销员就要懂得及时“刹车”，识趣地退到一旁，而不要违背消费者心意，继续喋喋不休地介绍产品信息，这样很容易引起消费者的反感。

总而言之，介绍产品要适可而止，一切要以消费者的需求为准。一味推销产品不仅不利于获取消费者的信任，还可能给消费者带来强买强卖的感觉。

4.6.3 让消费者觉得你在为他考虑

在实际销售过程中，消费者若能感受到营销者是在为自己着想，不仅能增加对营销者的好感，也会对产品产生一定的信赖感。那么，怎样能够让顾客感觉到你是在为他着想呢？

首先，营销者要了解消费者的实际需求，并将自己置于消费者的身份，和消费者一同挑选产品。营销者应该不断地问自己："如果我是消费者，我更看重产品的哪些特性？更想了解产品的哪些细节？"然后针对这些问题为消费者做出相应的解答。通常情况下，消费者在表示赞同的同时会感到营销者说到了自己的心坎上，其消费体验感就会大大提升。

其次，营销者要随时随地关注消费者的动态，针对消费者的每个提问都给予耐心、细致的回答，尤其是对消费者犹豫不决的地方给予深入、全面的分析，帮助消费者解决问题、做出决定。营销者的态度越是耐心、体贴、真诚，就越容易给消费者一种"被特别照顾"的感觉，令消费者觉得"你是真的在替他着想"。

所以，最受消费者欢迎的营销者，一定是能将消费者面临的问题看作自己的问题去解决，为消费者提供价值和方便的营销者。哪怕那些问题并不是自己最关注的，营销者也要尝试将自己代入合适的身份中，去分析消费者的真正需求，并给出最佳的建议。

4.7

高情商表达，让消费者自愿买单

营销者向消费者正式推销的第一步，一定是从张嘴说话开始的，那么如何说、说什么、怎么说，就需要营销者自己去钻研或者从日常销售中获取经验。

在销售过程中，营销者应该时刻关注消费者的言行举止，在适当的时机说合适的话。高情商的表达，不仅能照顾到消费者的心情和购物体验，还能引导消费者自愿买单。

4.7.1 为消费者打开新思路

当消费者表示营销者所推荐的产品自己已经有了、不需要再购买的时候，营销者可以尝试另辟蹊径，从产品的一些隐藏性能或者其他购买需求上做适当话术补充，为消费者打开一个新思路。

例如，推销一款装饰类、耐用型商品，营销者可以对消费者补充它的赠送价值："这款产品也很适合当礼物送给朋友哦！"如果推销的是消耗性商品，营销者则可以补充商品的有效期与限时优惠，引导顾客去多囤一些货，如"这种一直要用的东西，可以趁现在价格便宜再多买几个！"

高情商表达，为消费者打开新思路

高情商表达不仅能给产品换一种新的应用途径，也能就此打开消费者的新思路，让消费者“恍然大悟”，从而转“不需要”为“需要”。

4.7.2　不要吝啬赞美之词

在消费者挑选商品的过程中，营销者可以找准时机，主动赞美消费者的决定和选择以引起他的购买欲。

例如，当消费者在许多商品中挑选出一款，拿起来观看时，营销员可以说：“您的眼光真好，这是我们新推出的商品。”如果消费者将产品放在自己身上比量，营销员可以说：“这款商品很符合您的气质。”如果消费者在一款产品前观察很久，营销员则可以说：“看得出您是一个非常细心的人。”由此一来，若是消费者本身就对商品很满意，又听了营销员的赞美话术，就会促使他更坚定地购买商品。

4.7.3　不要直接指出问题

在销售过程中，如果发现消费者所选的商品并不适合他，营销者最好不要直接指出，而是应该根据具体情况，客观且委婉地提醒一下消费者。

例如，某件衣服的尺寸不适合消费者，营销者可以说："您的身材这么好，这件衣服不太能凸显您的气质。"如果消费者所选的产品不适合她的年龄，营销者可以说："这款化妆品针对您皮肤的效果可能没那么明显，建议您可以试试另外一款。"如果遇到消费者忘记买单的情况，营销者也不要直接向他要钱，而是可以通过话术去提醒他，如"您好，今天结款还可以领取店内的礼物一份"。这样的提醒不仅显得自然，还可以照顾到消费者的心情。

高情商表达，不但可以显示出营销者对消费者的尊重，还能给消费者带来良好的购物体验。当消费者感受到了尊重与舒适时，自然会愿意买单了。

4.8 消费者维护与情感关怀

营销者唯有重视消费者维护和情感关怀，才能加深与消费者之间的情感连接，赢得消费者的信任。具体而言，营销者可以从以下两个方面去进行消费者维护与情感关怀。

4.8.1　面对新顾客，主动给予关怀

遇到新的消费者，营销者应该从他们进门的那一刻就开始注意

并寻找他们所需要被“维护”的地方，并及时给予适当的关怀。

例如，看到消费者拿着又多又重的东西，营销者主动上前帮忙，会让消费者感到很贴心。当看到消费者的衣服被弄脏时，营销者主动上前提醒并帮助其清理，会让消费者感到自己被关怀。当消费者对服务或产品提出建议时，营销者礼貌接受，并表示感谢，会让消费者感到被尊重。

营销者以上这些看似不起眼的行为，往往能给消费者留下深刻的印象，并增加消费者的体验感。

有的时候，在推销产品的互动中，营销者的一次问候、一句关心，或者一个细心的举动，就能瞬间拉近与消费者之间的关系。也正是这种被关怀的感觉，使得消费者愿意重复购买商品，甚至指定该营销员服务。

4.8.2　面对老顾客，注意定期维护

销售学中著名的“二八定律”意在表明，一个营销者的成功在一定程度上，取决于他所有客户中 20% 的人，并且这 20% 的消费者基本都是老顾客。所以，对老顾客的维护与情感关怀显得尤为重要。

营销者应经常关注老顾客的动态，主动定期联系他们。在面对

老顾客的时候，营销者不会急着上来就和顾客谈工作，而是可以先问询一些其他的事情，这些事情可以与日常生活相关，也可以与顾客的个人爱好相关，从而增进与老顾客之间的关系。通常情况下，营销者在问候的同时，可以向老顾客询问服务或商品的体验反馈。例如，询问商品的使用情况、使用建议，以及接下来有没有其他需求等。一旦维护好老顾客的利益，重复购买率就会大大增加。

通常而言，一旦订单完成，消费需求也就随之停止，而“感性需求”却能长时间伴随在消费者左右。一旦满足了消费者的“感性需求”，有针对性地做好消费者维护与情感关怀，就会使消费者获得良好的购买体验，从而不断激发消费者的消费需求。

第 5 章

企业对消费者的消费心理引导

企业要想促使消费者实施购买行动，取得好的营销成果，首先要做的就是引导消费者的消费心理。具体而言，企业要设计一个好的logo，借助广告加以宣传，不断传递品牌价值，用故事和情感打动消费者，真诚地对待每一位消费者，满足消费者的心理需求，进而扩大推广范围，促使消费者消费。

5.1

商品，不仅仅是商品

商品能满足消费者的某种需求，凝聚了企业付出的劳务、科技和心血。因此，对消费者和企业来说，商品不仅仅是用钱买到某件物品这么简单。

5.1.1　商品满足消费者的使用需求，更满足其心理需求

消费者通过支付一定数量的金钱购买商品来获得商品的所有权和使用权，但很多时候，商品的价值并不等于它的价格，消费者购

买商品也不仅仅是为了使用。

例如，一个消费者购买了一套瓷盘用于日常饮食，这套瓷盘主要满足了消费者的使用需求；另一个消费者也购买了一套精美的瓷盘，但并不是用于饮食，而是用于装饰、欣赏和收藏，这套瓷盘主要满足了消费者的文化、艺术、审美等需求。

随着社会的不断发展，现代消费者对商品的需求已经不仅仅是使用需求，更多的是对消费偏好、生活品质、身份认同、品牌调性、情感慰藉等方面的需求。例如，一些购买奢侈品的消费者并不是为了使用商品，而是通过购买商品获得一定的社会价值和身份认同；一些消费者购买潮牌商品，是为了获得时尚感、彰显审美品位。

总之，越来越多的消费者购买商品不仅仅是为了使用商品，更重要的是享受商品所带来的购物体验。

5.1.2 商品是企业变现盈利的基础，也代表了企业的形象和文化

企业生产的产品（除公益捐赠外）主要是为了投放到市场上进行销售，以此来维持企业正常运转并实现盈利。因此，商品是企业生存发展的基础。

对企业来说，商品不仅仅是卖出去的物品，还代表了企业的形

象和文化。例如，商品的成分和包装设计、商品的名字和广告宣传语等，都凝聚了企业的技术、设计、审美、态度和价值观等因素，是企业在市场竞争中的无形资产。

因此，企业应重视每个流向消费者的商品，如果消费者在购买或使用商品的过程中发生了不愉快的事情，那么这位消费者的市场反馈，势必会影响整个消费市场对该企业的关注度和评价，使其不可避免地陷入舆论旋涡中。

5.2

好的 logo，让消费者过目不忘

logo 是一个企业的文化符号，是企业文化的重要具象化标志。一个好的 logo 可以让消费者一眼就注意到，并过目不忘。

可以说，logo 之于企业，就像是企业的代言人，企业通过对 logo 的名称、图形、颜色三个主要元素的设计，使消费者对企业留下深刻的印象。

5.2.1 logo 名称，是企业最好的广告

一个响亮的企业名称会让其更容易被记住，同样，一个好的 logo，可以让其在众多企业中脱颖而出，被消费者关注。

logo 的名称一般取自企业名称或企业名称简写，如麦当劳的 logo 名称是“Mcdonald’s”的英文首字母“M”；一些老字号的 logo 名称则取企业名称的关键字，如“全聚德”“稻香村”等；也有 logo 的名称取自所属企业中英文名称的结合，如“GREE 格力”“Coca Cola 可口可乐”等。

logo 名称是对企业名称的简化或音译，是在消费市场对消费者宣传企业的重要手段，发挥着广而告之的作用，能让消费者更容易记住企业。

5.2.2 logo 图形，浓缩企业文化内涵

一般来说，logo 图形通常由图案和文字两个部分组成，或者只有文字，或者只有图案。

logo 图形，是企业形象的外显，一定要能代表企业文化、传递企业文化，让消费者一眼就能了解到这个 logo 所代表的企业属于哪个领域或行业、服务哪一类的消费者等，使消费者对企业经营范

围、商品性质、企业价值观等方面的了解能达到一目了然的程度，这样的 logo 才是合格的 logo。

一般而言，卡通形象是常见的企业 logo 元素。

卡通形象往往能传递可爱、萌、活泼、亲和、温馨等情感，通俗直观，便于消费者理解，容易被消费者接受和记忆。

因此，以少年儿童为消费者群体的企业 logo 适宜选用卡通形象，通过形象化的内容设计和展示，向少年儿童传递企业的商品（产品或服务）内容。

Kids Reading

儿童阅读类企业 logo

母婴类企业 logo

此外，能高度概括企业核心产品或服务的元素也常用于企业 logo 设计，如刀、叉、杯子等元素在餐饮行业的企业 logo 中出现的概率非常高。

烧烤行业企业 logo

面包店 logo

一般来说，无论是 logo 中的图形还是字体，都应该突出企业的产品特征、类型。内容指向不清的 logo 会让消费者不明所以，自然也就不会被消费者记住。

此外，不建议使用复杂的图形做 logo 设计，logo 的图形和文字越简单越好，这样更便于消费者记忆。当然，也不乏一些潮牌追求精美和个性而使用比较复杂的 logo 设计，不过这样的 logo 图案要精美，元素复杂但应有序。

5.2.3 logo 颜色，彰显企业审美与特质

人们在观察图案、文字、颜色等元素时，会依次注意到的元素顺序为：颜色、图案、文字。

对消费者来说，当看到一个企业 logo 时，第一眼看到的必然是它的颜色，即便不会注意到 logo 的具体图案和文字是什么，也一定会注意到 logo 的颜色。因此，为企业 logo 确定一个引人注目的颜色至关重要。

通常，企业 logo 的颜色应尽量选用高饱和度、相近或有较大反差的颜色，颜色鲜艳亮丽、对比鲜明，更容易被消费者关注和记住。logo 颜色一般不应超过三种，避免消费者产生杂乱、难辨认感或视觉疲劳。

5.3

广而告之，让产品深入人心

在现代商业社会，广告已成为企业推广产品和品牌的重要手段。广告不仅是宣传的方式，更是一种对消费者心理的影响和诱导。通过巧妙的广告设计，可以影响消费者的购买决策，让产品深入人心，实现销售增长和品牌价值的提升。

5.3.1　选择合适的广告媒介，让更多的人看到产品

传统广告媒介包括电视、广播、报纸、杂志、户外媒体等多种

形式，这些广告媒介存在时间长、覆盖面广、受众多，是企业推广产品和品牌的重要渠道。

随着计算机网络、数字技术以及移动互联网的不断发展，媒体也演变出新的形式，网络媒体、手机媒体、数字电视等作为新兴的媒体，它们与传统媒体相对应，统称为新媒体。

伴随着新媒体的诞生，新媒体平台快速发展，涌现出众多优秀的平台，如微信、抖音、微博、小红书、今日头条、快手等，这些新媒体平台交互性强、传播速度快、传播内容多样化、营销成本低廉、目标精准，为广告投放提供了更多的选择。

当企业或品牌方投放广告时，在明确产品对应的消费者群体的基础上，可以选择合适的广告媒介，让更多的人看到产品，促进营销。

例如，面对中老年群体的产品，可以根据中老年人看电视多而上网少的特点，选择电视广告这种渠道来宣传。

针对热爱健身人群的健身房，可以采用在社区或写字楼散发广告单、投放电梯广告、社群营销的方式进行宣传，让周围的居民和上班族都能够看到。

对一些高端品牌或面向特定群体的产品，可以考虑在高端杂志或专业刊物中投放广告。这些媒介通常有较为固定和精准的受众群体，能够更好地满足品牌方的目标消费者需求，打造更加精细化的品牌形象。

面向喜爱网上冲浪的年轻人的产品，可以优先选择数字化媒体作为广告投放的主要渠道。微博、微信、小红书等都是年轻人聚集的地方，通过这些平台的广告投放，可以让品牌迅速传播，吸引更多年轻人关注。

5.3.2　深入了解消费者心理，设计深入人心的广告

在竞争激烈的市场中，成功的广告是产品脱颖而出、吸引目标受众的重要保障。所以，企业或品牌方要深入了解消费者的需求，设计触人心弦的广告，让产品深入人心。

★ 了解并满足消费者对产品的使用需求

品牌方在明确目标受众后，就要充分了解目标消费者的使用需求，如喜爱的产品颜色、关注的产品功能等，根据消费者的实际需求设计广告，满足消费者的使用需求，让消费者产生兴趣，从而购买产品。

例如，某手机品牌了解到，现在的消费者购买手机不仅仅看重其通信功能，还十分关注手机的拍照功能，因此在广告中将用该手机拍摄的高质量照片和视频展示给消费者，让消费者发现通过手机

就能拍出“大片”，从而让产品深入人心。

★ 重视消费者的情感

人们的购买行为往往会受到情感的驱动，好的广告总能触动消费者的情感，让他们与产品之间产生共鸣和情感连接。

例如，可口可乐在过年时播放的广告中呈现阖家团圆的场景，人们手拿红色的罐装可乐一起庆祝新年的到来，场面温馨而愉悦。这样的广告情节引发了广大消费者的情感共鸣，让他们产生了对这一品牌的好感和认同。

总而言之，深入了解消费者心理，设计深入人心的广告是产品得到成功推广的关键。通过了解消费者的需求和情感，企业或品牌方可以更好地把握他们的心理诉求，实现与消费者的情感连接，吸引更多的目标受众，并在激烈的市场竞争中取得成功。

5.4 好品牌成为消费者的身份标签

当好品牌所代表的品牌审美、品牌文化、品牌创意等，与消费者个人的形象和价值观相契合时，就能引起消费者的共鸣，从而成为消费者的身份标签。

5.4.1　通过独特的审美吸引消费者

品牌独特的审美是吸引消费者的关键。当品牌方在设计产品或推出广告时，呈现出与众不同的艺术风格或设计理念，就会让消费者产生视觉上的冲击和新奇感，从而引发消费者的兴趣和好奇心。

例如，某高端手表品牌通过独特的设计理念，将传统的手表外观与现代时尚元素巧妙融合，使得手表成为一件既具有功能性，又展现出独特审美的时尚配饰。当消费者看到这样的手表时，就会被其独特的外观和审美所吸引，进而愿意将其作为自己身份标签的一部分。

5.4.2 通过品牌文化引发消费者共鸣

好的品牌往往有着深厚的品牌文化，这种文化能够与消费者的情感和价值观产生共鸣。可以说，品牌文化不仅是产品背后的故事，更是品牌与消费者之间建立情感联系的桥梁。

例如，某电子品牌注重环保理念，他们不仅在产品设计和生产过程中注重环保，而且提倡低碳环保的生活方式，还通过向消费者发送优惠券的方式回收消费者家中不需要的电子产品，以循环利用。这样的品牌文化能够吸引那些关注环保、追求可持续发展的消费者，引导他们认同品牌的价值观，并愿意成为品牌的忠实支持者。

5.4.3　通过品牌创意引领时尚潮流

好的品牌往往具有前瞻性的品牌创意，能够领先潮流并引领时尚。品牌通过创新的设计和独特的理念，吸引那些追求时尚和个性的消费者，让他们在品牌中找到认同感和归属感。

以某潮牌服饰为例，其在设计和推出新产品时加入年轻人喜好的流行元素，并通过在社交媒体上发布的有趣广告和时尚造型，成功地引领了年轻人的时尚潮流。年轻人购买这个品牌的服装，就是为了展现他们与时尚前沿保持同步的身份标签。

在竞争激烈的市场中，建立品牌与消费者之间的情感连接是品牌成功的关键。品牌方通过独特的审美、富有深厚内涵的品牌文化和创新性的品牌创意来引发消费者共鸣，获得消费者对品牌价值观的认同和情感认同，让好的品牌成为消费者心目中的追求目标和身份标签。

【经典案例】

“中国李宁”，通过品牌文化和品牌创意树立新形象

近年来，中国李宁品牌在国际舞台上崭露头角，成为引领潮流的代表。其成功之处在于巧妙地抓住了消费者的心理，获得了消费者的认同。

中国李宁品牌秉承“让世界听见中国”的理念，弘扬中国传统文化，展现了品牌的爱国主义文化内涵。同时，品牌将中国传统元素（如中国传统图案、文字、戏曲等）与时尚潮流相结合，打造出一种富有创意的国潮风格。

中国李宁品牌通过极具正能量的品牌文化和别具一格的品牌创意获得了消费者的认同，引起了消费者的共鸣，从而树立起其备受欢迎的品牌新形象。

5.5

传递品牌价值，满足消费者的个性追求

企业营销者要不遗余力地向消费者传递品牌价值，满足消费者的个性化追求，如此才能增加品牌的吸引力，让消费者更深刻地认识到品牌的情感理念，成为品牌忠实的粉丝。

5.5.1　塑造、传递品牌价值的重要性

在营销过程中，做好品牌价值塑造、传递是十分关键的一环，它是企业或品牌方对消费者进行消费心理引导的前提，是提高品牌

知名度和美誉度、提升消费者品牌忠诚度、扩大消费群体范围、提高产品销量的重要前提之一，能帮助企业在激烈的市场竞争中站稳脚跟。

具体而言，塑造、传递品牌价值的重要性体现在以下几个方面：

能帮助消费者清晰地识别、记住品牌的特点和亮点

帮助提高企业产品和服务的竞争力，为产品和服务增值

无形中影响消费者的购买决策，提高消费者购买率

塑造、传递品牌价值的重要性

5.5.2　如何传递品牌价值，满足消费者个性化需求

不断强化品牌价值传播、满足消费者个性化需求，能让品牌理念深入人心，令品牌更具竞争力。

那么，如何传递品牌价值，才能收获更多消费者的好感与信任呢？可以参考如下建议：

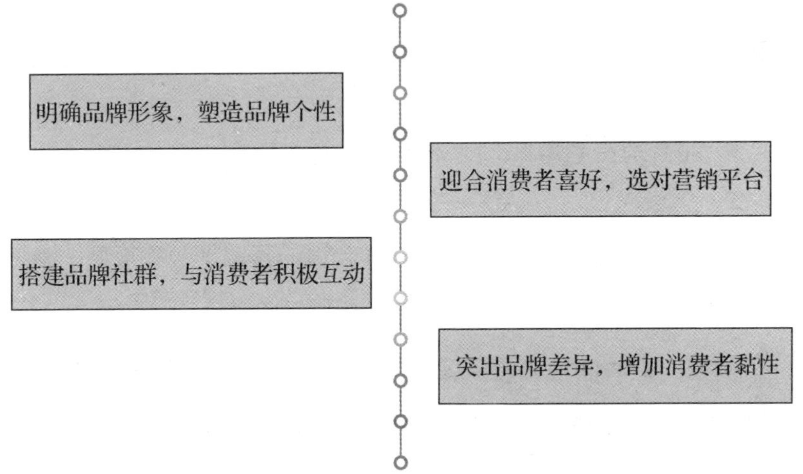

传递品牌价值，满足消费者个性化需求的方法

★ 明确品牌形象，塑造品牌个性

鲜明的品牌形象和品牌个性能够丰富品牌内涵，帮助其在激烈

的市场竞争中脱颖而出，从而被消费者牢牢记住。

营销者可以利用拟人手法去赋予品牌以独特的个性，并提炼其性格特征。例如，某香水品牌以“一位美丽优雅的女性”作为该品牌的人格化形象，为了塑造这一形象，该品牌的瓶身设计师特意在瓶身背面展示了一袭美丽的小黑裙。这一独特形象将该品牌优雅、独立、自由、时尚的品牌个性展示得淋漓尽致，使得该品牌获得无数女性消费者的喜爱，品牌旗下的香水也始终处于热销状态。

★ 迎合消费者喜好，选对营销平台

营销者可以根据品牌特点去选择合适的营销平台和策略，制订相关营销方案，策划相关营销活动去传递品牌价值。

例如，护肤品或彩妆品牌可以利用小红书平台进行营销推广。该平台用户以消费能力较强的年轻女性居多，品牌方可以和小红书上的美妆博主合作，去传递品牌温度和产品价值，或者让美妆博主试用产品后发布真实的体验笔记，从而吸引女性消费群体的关注。

农产品品牌可以选择抖音平台开展推广营销活动。抖音平台用户基数庞大，分布广，具有突出的营销优势。品牌方可以和抖音上的主播或达人合作，通过创意广告的方式打造品牌形象或通过直播带货的方式引爆产品销量，助力品牌发展。

另外，营销者也可以将线上线下营销平台和多种营销策略结合起来运用，多渠道、多媒介传播，如此才能确保传播精准到位。

★ 搭建品牌社群，与消费者积极互动

企业或品牌方可以借助各种社交媒体平台去搭建品牌社群，吸引更多消费者加入。通过社群时不时发布有价值的内容，提供即时的消费者服务，开展线上、线下活动，这些举措都能有效提高群内消费者的活跃性，从而帮助企业或品牌方实现传递品牌价值、扩大品牌影响力的目标。可以说，品牌社群是企业传递品牌价值、激活消费者潜在需求的重要渠道之一。

★ 突出品牌差异，增加消费者黏性

当今消费者的消费行为不仅仅是为了满足其生存需求，更多的是希望满足其社交需求、尊重需求等。企业或品牌方可结合市场环境、消费者的需求，从品牌、产品本身出发，通过调整品牌定位、增加品牌情感价值、改良产品设计等手段去不断优化品牌形象，打造品牌差异化。

例如，某知名饮品品牌与西湖龙井非遗传承人合作，推出一

系列新品，使得该饮品品牌成为“茶文化走向世界的创新者和推动者”，这一与众不同的形象深入人心，并因此获得了很多年轻消费者的支持与热捧。

5.6

用故事和情怀打动消费者

品牌故事具有提炼信息、吸引关注、唤起情感共鸣等基本功能，企业营销者若能讲好品牌故事、善用情怀效应，就能有效打动消费者，品牌认知度、影响力也会因此与日俱增。

5.6.1　什么是品牌故事

品牌故事是指品牌创立前后所发生的一些特殊的、有意义的事件，一般带有传奇色彩、情感色彩，能加深消费者对品牌的正面印象和对品牌理念的认同感。

优质的品牌故事尤其能唤起消费者的情怀，在体味故事的过程中，品牌信息、特色、优势等都被潜移默化地“植入”消费者的脑海中，让消费者在不知不觉中加深对品牌的好感与信任，乃至成为品牌的忠实粉丝。

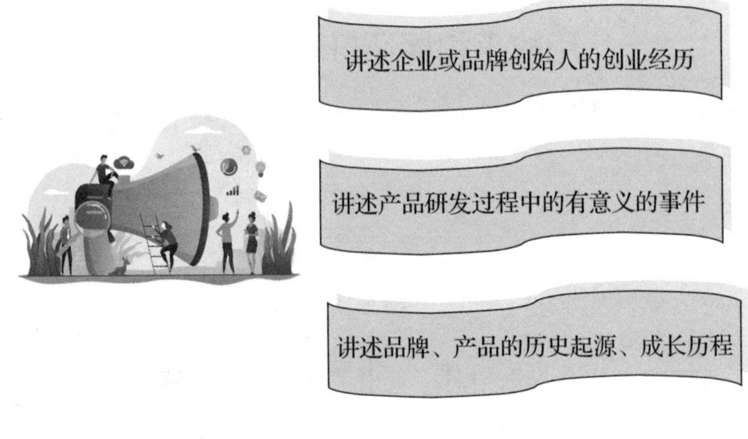

常见的品牌故事类型

5.6.2 这样做，讲好品牌故事

品牌故事是最有效的品牌营销工具之一，讲好品牌故事的意义不言而喻。想要讲好一个品牌故事，就需要注意到以下几个方面：

故事一定要真实可信

故事要有独特性，令人眼前一亮

故事要有冲突性，让人有强烈的代入感

故事要有情绪、有温度，能激起情怀效应

讲好品牌故事的关键性因素

★ 品牌故事要真实

品牌故事想要拥有打动人心的力量，首先就要保证故事是真实可信的，而不是胡编乱造的。那些真挚的细节、真实的情感能展示品牌的真诚形象，让消费者倍感安心。

例如，某食品品牌的品牌故事是根据创始人的真实创业经历改编而成的，故事中充满动人的细节。在创业初期，创始人一度因赔上所有家当而万念俱灰，幸亏爱犬一直在身边陪伴才让他走出低谷，重新振作起来。当他历经波折终于创业成功后，特意用爱犬的名字为旗下一款零食品牌命名。当消费者了解到这一故事后往往都会很感动，对该品牌的好感度也大为提升。

当然，并不是说品牌故事一定要完全契合事实，在尊重事实的基础上进行一定的艺术创作也是可以理解的，只要故事中所蕴含的情感是真实的，同样能让消费者感受到品牌的诚意。

★ 品牌故事要独特

如果品牌故事平平无奇，不具备独特性，就会很容易被淹没在层出不穷的品牌信息中。为了引起消费者的关注和兴趣，营销者可以从品牌的创立背景、价值观等方面入手，去挖掘一些独特性要素，精心编写让消费者眼前一亮的品牌故事。

例如，某指甲油品牌的创始人是一对情侣，而该品牌的创业故事与他们的爱情息息相关：身为化工博士的男主人公为了给爱美的女朋友制作出优质的、不会伤害身体健康的指甲油，四处走访、寻找更健康的制作材料，潜心研究制作方法，在经过无数次的失败后终于研发出一款特殊的指甲油。这一暖心温情的品牌故事感动了很多消费者，使得该品牌的指甲油一经推出便大受欢迎。

★ 品牌故事有代入感

一个引人入胜的故事大多情节曲折，极具戏剧性，能让听者产生强烈的代入感，品牌故事也是如此。

例如，当品牌故事中的主角变成普通人，讲述的是普通人的故事时，就会让消费者产生代入感。某矿泉水品牌曾推出几个品牌故事片，记录了企业普通员工的真实工作故事，展现了他们的真诚、朴素与坚守。这些品牌故事片中所传递出的情感深深打动了消费者，使得消费者对该品牌好感度大幅提升。

★ 品牌故事有温度

品牌故事最好是感性的，充满情感和温度，才能引起消费者的情感共鸣，激起情怀效应。所谓情怀效应，是指人们对过往某一种特殊而又美好记忆的怀念与追捧。营销者可以从品牌历史或一些与品牌、产品有关的怀旧元素入手，去重塑品牌故事，激发消费者的特殊情怀，令品牌理念深入人心。

某国产运动鞋品牌的品牌故事从创建之初讲起，将该品牌一路走来经历的风风雨雨都展现在消费者面前，这成功激起了很多消费者的青春记忆和怀旧情怀，于是该品牌也借此重返主流市场并屡创销售奇迹。

5.7

真诚，是企业打动消费者的王牌

真诚的态度是企业的必杀技，也是企业进步的阶梯。对企业而言，真诚更像是一张免费的广告牌，能够帮助企业顺利破局，获得消费者的信任。

5.7.1　以品牌理念传达真诚态度

品牌理念是指企业所传达出的价值观念，是企业对消费者的一种承诺。企业的真诚首先体现在其更富感染力、更具情感温度的品牌理念上，营销者唯有深化品牌理念，塑造企业用心、专心的形象，才能加深消费者的正面印象，令消费者感受到企业的真诚。

例如，某珠宝品牌的品牌宗旨为“以客为尊”，且始终以“推广传承传统工艺，弘扬中华文化”为品牌使命，在品牌营销过程中不遗余力地去传达这样的价值观念，并使这种观念深入人心，这为该品牌赢得了一批忠实的消费者。

5.7.2 用情感营销塑造真诚形象

营销者可以通过唤起消费者的情感需求、情感共鸣的方式来塑造企业的真诚形象，缩短品牌与消费者之间的距离，提高消费者的品牌忠诚度。

例如，某个人护理品牌曾开展一个名为“真实美丽”的活动，得到了很多消费者的关注。活动中，该品牌通过社交媒体平台发布了一系列女性真实的成长故事，讲述了她们内心的种种挣扎、困顿，鼓励女性要勇敢面对，并努力走出来，这有效引起了女性消费者的情感共鸣，让她们感受到了品牌的真诚与关怀。这次的情感营销活动也让该品牌获得了越来越多的女性消费者的支持。

5.7.3 用危机营销展示品牌诚意

危机营销是指企业在面临危机事件时所采取的营销措施，以使企业转危为安，尽量减少负面影响。在进行危机营销过程中，企业想要真正解决危机，挽回声誉，就一定要积极主动地承担责任，用真诚的态度去打消消费者内心的疑虑，展示企业的诚意。

例如，一些消费者曾在某主播直播间购买鲜花，收到货后纷纷投诉鲜花质量差，该主播在得知此事后，立刻联系了与之合作的鲜花电商品牌方，敦促对方尽快解决问题。很快，该鲜花电商品牌方和这位主播分别发布了真挚的致歉信，并提供解决方案：100% 退款并对用户进行现金或等值鲜花的补偿。对此处理方案，这些消费者都表示满意，这个问题得到了圆满解决。

【营销智慧】

这样做，才能成功转危为安

在危机营销中，企业只有做到以下几点，才能让消费者感受到企业方的真诚，为企业转危为安打下基础。

第一，保持及时、真诚的沟通。企业在进行危机营销的过程中，要与消费者保持真诚的沟通，及时回应消费者的质疑，不隐瞒事实、粉饰太平，更不要歪曲事实真相，试图欺骗消费者。

第二，尽快提出解决方案。为了平息负面舆论，企业要在表达真诚歉意的同时尽快提出解决办法或赔偿方案，最大程度地展示企业方的诚意。

第三，邀请消费者监督或提出建议。企业在诚心接受消费者批评的同时，可以邀请消费者监督企业解决方案的施行，或为企业出谋划策，提出更多合理建议。这样做也能让消费者感受到企业的真诚，使企业重塑其真诚形象。

第 6 章

线下营销心理策略，统筹“人货场”

线下营销以人为本，为消费者提供了与产品和品牌直接接触的机会。企业或品牌方进行线下营销时，应统筹人货场，洞察消费者心理，采取合理的营销策略，这样才能扩大销售，提高产品销量。

6.1 让消费者一见倾心——门店装修

线下营销中，门店犹如品牌的脸面，良好的门店装修不仅能吸引消费者的目光，让消费者感到赏心悦目，还能让消费者得到愉悦的购物体验，提高产品销量，并由此提升消费者的忠诚度。

6.1.1　这样装修，让消费者“一见钟情”

门店的装修是品牌营销中至关重要的一环，它直接影响着消费者对品牌的第一印象和购物体验。独特而吸引人的装修风格，可以让消费者“一见钟情”，并提高其购物的欲望。

第一，空间布局要合理。

关于门店的空间布局，要根据门店的使用面积，划分出不同的功能区域，如产品展示区、收银台、试衣间、休息区等，并合理设置不同功能区域的大小，为消费者预留充足的空间，提升消费者的购物体验。

第二，突出具有品牌特色的橱窗。

橱窗是品牌门店的窗口，其设计要符合品牌的特点，橱窗内产品的陈列方式要富含创意，这样不仅可以吸引消费者的目光，还能提升人们对品牌的关注度。

富有特色的橱窗更具吸引力

第三，确保货架整齐，通道宽敞。

门店中的货架摆放应整齐有序，并预留出宽敞的通道，让消费者可以舒适购物。当门店的面积较大时，还应在合适的位置设置导引方向的标识，以引导消费者浏览商品。

第四，门店色彩设计要吸引人并符合品牌形象。

品牌门店的色彩设计应具有吸引力，能够吸引消费者的眼球，同时要符合品牌的整体形象和风格，并确保色彩设计在门店内的统一性和连贯性。

第五，醒目的品牌标识。

装修时，应在门店的中心位置展示出醒目的品牌标识，让消费者看到此标识后能够立即与该品牌联系起来。在门店其他位置可以展示出品牌的标志性色彩或元素，这些都能给消费者留下深刻的印象。

6.1.2　做好这些事，提升门店形象

门店的装修至关重要，所以在进行门店装修设计时，企业或品牌方还要注意以下事项：

第一，门店装修风格要与品牌形象相符。

品牌是企业的核心，门店装修应能准确地传达品牌的价值观和

风格，所以在进行装修时，门店的风格应符合品牌定位。例如，一家主打前沿科技的品牌专卖店，其设计风格应体现出高科技、前卫等特点。

第二，创造舒适的购物氛围。

舒适的购物氛围能够让消费者感到身心愉悦，能够增加消费者在门店停留的时间，进而增加消费者购买产品的机会。巧妙的灯光设计、舒缓的音乐以及舒适的座椅和精美的装饰品，都能增加门店空间氛围的舒适感，让消费者感到放松和愉悦。

6.2 够实惠，才能心动——免费试用

“免费试用”这个方式让消费者不花任何费用就能体验产品，降低了消费者的购买风险，让消费者既享受到了产品或服务，又没有任何经济负担，是消费者喜闻乐见的营销方式。

6.2.1　让消费者免费试用，好处多多

让消费者免费试用虽然会增加品牌方成本，但是也会带来诸多好处。

第一，提升消费者对品牌的好感。

消费者在购物过程中面对众多选择时常常会比较、犹豫不决。“免费试用”这个方式让用户不花一分钱，就可以体验产品，不仅给消费者带来实惠，还能减少消费者买到不合适产品的风险，这样做能够大幅提升消费者对品牌的好感。

第二，形成良好的口碑，提高消费者对品牌的忠诚度。

消费者在试用过产品之后，能够对产品进行客观的评价，如果产品符合消费者的期望，此次“试用”也给消费者带来了良好的体验，消费者就有可能变成品牌忠实的粉丝，同时他会向自己的家人和朋友推荐该产品，从而为产品带来好口碑，品牌也因此可以收获更多的潜在客户。

第三，激发消费欲望。

消费者如果对试用产品比较满意，就会对该品牌产生信任感，不仅会购买试用过的产品，也会尝试购买该品牌的其他产品，由此带动该品牌产品的整体销量。

6.2.2　这样免费试用的方式，效果更好

品牌为消费者提供免费试用的产品，是为了打造口碑，提升产品销量，采取合理的方式，充分发挥免费试用这个营销方式的优

势，就能收获良好的成效。具体来讲，在实施过程中应注意以下几点：

第一，免费试用的产品质量要好。

只有质量好的产品才能让用户满意，用户试用满意后才会继续购买，品牌销量才会提升。

第二，同一用户只能享受一次免费试用的机会。

免费试用是为通过发掘更多潜在客户来提升产品销量，因此在免费试用产品数量有限的情况下，规定每个用户免费试用的数量，可以让更多的用户享受这个福利。

第三，免费试用可以设置条件。

免费试用不一定是无条件免费，也可以设置一些条件，如在购买任意金额的产品后才可免费试用新品等。

第四，限时限量免费试用，激发用户的好奇心。

比起随时可得的免费试用，限时限量的免费试用方式更能激起消费者的好奇心，更容易获得消费者的关注。

总而言之，进行免费试用时，要根据产品的具体情况灵活制定营销策略，在控制成本的同时，使产品得到最大范围的推广。

6.3 巧用数字拨动心弦——价格营销

产品的价格是消费者最关注的因素之一。过高的定价可能让消费者望而却步，而过低的定价则可能降低品牌方利润。因此，品牌方需要采用合理的价格营销策略，巧用数字拨动消费者心弦，吸引消费者购买。

6.3.1 低价打造爆款——低价定价

低价定价是为产品设置较低的价格，以此来打造性价比高的爆款产品，吸引消费者，提升品牌关注度。待消费者流量达到一定规模后，再将爆款产品与盈利产品组合售卖，以此获取利润。

6.3.2 超低价占领市场——渗透定价

渗透定价是指用超低的价格（甚至低于成本价格）为新上市的产品定价。由于价格超低，产品能够快速占领市场，获得忠实的消费者粉丝。随着产品销量的提升，成本得以降低，待消费者流量达到一定规模后，企业由此获得利润。

当产品的目标消费者对价格比较敏感时，品牌方可以考虑使用渗透定价这个方法。通过这种定价策略，品牌方能够长期占领一定的市场份额。

6.3.3 好东西不怕价格高——撇脂定价

撇脂定价是指为新上市的产品设置较高的价格来获取较多的利润。

一些产品是经过大量研究才开发出来的，这类产品前期投入高，具有较高的知识或技术含量，市场上几乎没有其他竞争对手。

针对这种产品，品牌方可以将价格定得较高，以此获取利润来弥补前期的投入。

6.3.4　让价格看起来更便宜——尾数定价

尾数定价是指在进行产品定价时，不使用整数，而是带有尾数。例如，将产品定价为 69.9 元、99.9 元而非 70 元、100 元，这种定价方式能够让消费者在心理上感到更便宜，从而产生购买欲望。

【经典案例】

小米手机巧定价，快速占领市场

小米手机初上市时，巧用渗透定价和尾数定价的方法，在竞争激烈的市场中快速获得一席之地。

小米推出的手机，定价仅为 1999 元，其高性价比立刻吸引了众多消费者前去购买。

此外，小米手机在定价时，没有采用整数，而是保留尾数，定价在 2000 元以下，让消费者在心理上感到价格实惠，进而增强购买意愿。

正是采用渗透定价和尾数定价的策略，小米收获了大量忠实用户，并快速占领一部分市场份额。

6.4 让消费者感受到诚意——折扣让利

折扣让利是消费者喜闻乐见的营销方式，品牌方在售卖商品时，让出一部分利润，通过折扣的方式调低商品价格，能够提高商品销量。那么，如何设置折扣才能吸引消费者，提高销量呢？具体可以参考以下几种方式：

6.4.1　数量折扣

数量折扣是指消费者在购买一定数量的商品后可以享受一定的

折扣。例如，消费者购买两件商品，总价可以打九折；购买三件商品，总价可以打八折等。消费者为了获得更低的折扣，通常会购买更多数量的商品，这样就可以直接提高商品销量。

打折促销，能有效提高商品销量

6.4.2 季节折扣

季节折扣是指品牌方将过季的商品或处于淡季的商品进行打折售卖。例如，冬季的衣服在夏季时进行反季打折售卖，处于旅游淡季的酒店房间进行价格打折销售等。品牌方通过较低的价格吸引消费者购买商品，从而使商品销量在不同季节趋于平稳。

6.4.3　以“满减”代替直接打折

“满减”与直接打折看上去折扣率相同，实则不然。例如，某品牌做活动，支持购物金额每满 100 元减 30 元，看似是打七折，但如果一件商品标价 150 元，消费者实际需要支付 120 元，相当于原价的八折，这就给品牌方带来了更高的利润。如果消费者想要更低的折扣，就需要再购买 50 元的东西，即将其购物金额凑满 200 元，这也为品牌方提高了销量。

需要注意的是，品牌方在线下进行折扣让利活动时要挑选合适的时间，只有在客流量多的时间段开展折扣让利活动，才能取得好的营销效果，如周末或节假日。

6.5 让消费者不得不心动——“买送”加码

“买送”活动是指当消费者购买某件商品或购买金额达到一定数量时，品牌方额外赠送给这些消费者其他商品或优惠券，以达到吸引消费者和推广商品的目的。“买送”活动让消费者在心理上感觉得到了实惠，能够提升消费者的购物欲望。

6.5.1 买商品送新品试用装

当品牌方有新品上市时，可以通过“买送”活动，将新品以赠品的形式送给消费者，以达到推广新品的目的。如果消费者使用赠品时觉得效果好，就会购买新品。

6.5.2 买商品送同样的商品

买商品送同样的商品是指消费者在购买商品时，品牌方附送同样的商品，如“买一送一”或“买二送一”等活动，这种营销方式能够快速减少库存，适用滞销的商品。

6.5.3 买商品送联合商品

联合商品是指消费者在使用某商品的过程中会关联使用的商品。例如，消费者购买酸奶机是为了自制酸奶，对此品牌方可以通过设置“买酸奶机送菌粉”的活动来吸引消费者。

6.5.4　买商品送优惠券

买商品送优惠券，是指消费者在购买商品时，品牌方附送本品牌的优惠券，这样可以促使消费者多次购买本品牌的商品，从而与消费者建立长期、稳定的消费关系。

6.6 优质体验取悦消费者——会员优享

在竞争激烈的市场环境中，品牌方不仅需要吸引新客户，还需要维持老客户的忠诚度。“会员优享”作为一种重要的消费者心理策略，为品牌方提供了一个有效的方式来提升消费者的满意度和忠诚度。合理设置会员权益能够提高会员消费的积极性，让品牌方与消费者保持密切的联系。品牌方在设置时可以参考下列会员权益。

6.6.1 入会特权

设置入会特权，给予新会员一定的权益，能够吸引更多的消费者加入会员行列。入会特权可以通过以下几种方式发放：

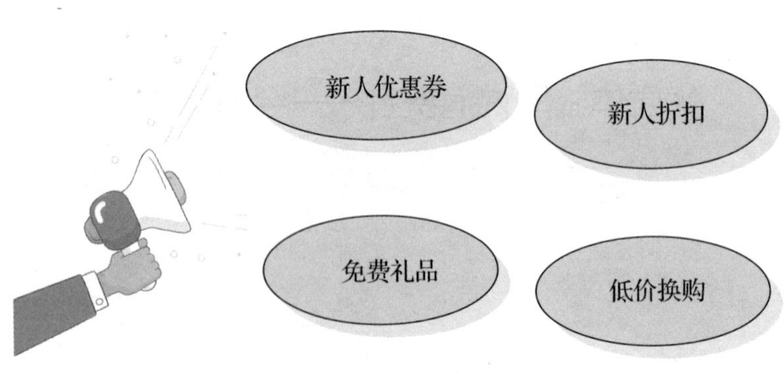

入会特权的权益形式

6.6.2 消费特权

会员消费特权能够体现会员的特殊权益，能够拉近会员与品牌方之间的距离，增加会员黏性。

品牌方在设置消费特权时，可根据会员的等级设置不同的权益，这样可以刺激消费者进一步消费和提升会员等级。例如，普通会员享受九折优惠，VIP 会员享受八折优惠等。除了折扣优惠的形式，还可以以会员价、代金券、运费券等形式给予权益。

6.6.3　储值特权

让会员储值可以回笼品牌方资金，同时锁定会员在品牌方的长期消费，但是品牌方只有给予会员的储值特权足够吸引人，才会让会员心甘情愿地提前储值。以下是一些常用的储值特权。

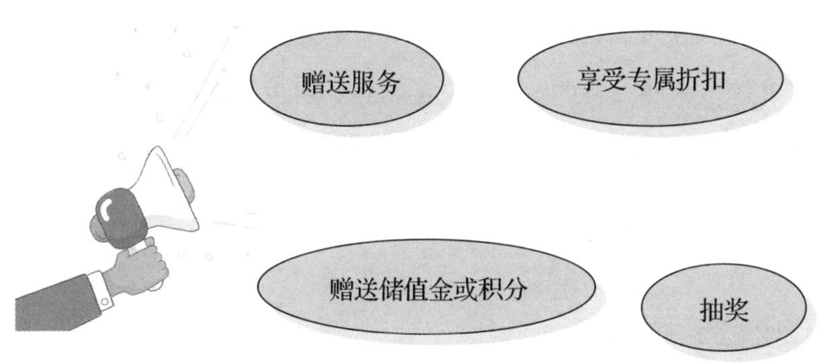

储值特权的权益形式

6.6.4 积分福利

为了鼓励会员持续消费，品牌方可以设置积分福利。会员消费可以获得积分，而用积分可以兑换礼品、消费券或服务等。积分福利在给消费者带来优惠的同时，也给消费者带来了一种游戏化的体验。消费者在积攒积分的过程中会感受到一种挑战和乐趣，进而产生持续购物的动力。

6.6.5 特殊权益

品牌方还可以为会员设置一些特殊权益，如会员生日礼、会员成长礼等。这些独特的、个性化的特权，可以增加消费者的归属感和满足感，提升消费者的参与度和忠诚度。

6.6.6 售后权益

售后服务是会员购物时重点关注的服务项目，为会员特设售后权益可以让会员放心购买，让其做到购物无忧。售后权益也包含多种形式，如较长的退换货时间、免费更换配件等。

【营销智慧】

巧用多重优惠，吸引消费者眼球

品牌方搞活动时，如果同时使用多重优惠，就能让消费者感到活动力度很大，能迅速吸引消费者眼球，提升消费者的购买欲望。

多重优惠的营销策略有以下几种可供参考：

- 折扣叠加满减：商品在打折的同时还可参加满减活动，如购买三件商品可享受八折优惠，同时购物总价满400元还可再减40元。
- 会员折扣、积分叠加满赠：会员在享受折扣的同时，还可以参加购物积分以及购物达到一定金额赠送礼品等活动。
- 储值送储值金叠加优惠券：用户储值时可以获得储值金和优惠券，这样用户先储值再购物就相当于享受了双重折扣。

6.7

先到先得，无需等待——预订锁客

在生活节奏越来越快的现代社会，人们越来越不愿意将时间花在漫长的等待上，一些品牌方便利用消费者的这一心理，提供预订服务，提前锁定顾客。以下预订锁客的营销方式可供参考。

6.7.1　限量预售，让消费者锁定提前购买的机会

一些产品在上市前，可以通过限量预售的方式提前售卖。消费者通过预付订金的形式预订产品，可以在产品上市的第一时间购买

并体验。品牌方可以通过限量预售的方式制造紧迫感，激发消费者的购买欲望。

6.7.2 预售更优惠，让消费者尽享实惠

在产品或服务正式发布前，品牌方可以通过预售的方式，进行限时特价或附送礼品，让消费者在产品或服务正式上市前就能以更优惠的价格购买。这样的激励措施能够在产品或服务上市前就预先吸引消费者，增加其购买意愿，同时也让其感到自己获得了特别的优惠。

6.7.3 提前预订，避免等待

一些服务行业由于单次服务时间较长，当消费者较多时，就需要等待较长的时间。提前预订可以很好地解决这一问题，品牌方可以合理安排，让消费者避免长时间的等待，按时享受服务，获得更好的服务体验。

6.8

一步到位更省心——“配套 + 捆绑”

消费者购物时常常会遇到购买一件商品还需要购买配套的其他商品的情况。例如，购买茶壶还需要买茶杯，购买餐桌还需要买餐椅等。

品牌方在售卖商品时，可以充分考虑消费者的实际需求，为消费者提供“配套 + 捆绑”的“一站式”购物选择。这种营销方式让消费者无需花费额外的时间和精力去寻找配套产品，并可以一次性买齐所有需要的商品，让整个消费过程更省心、更便捷。

同时，“配套 + 捆绑”的营销方式让品牌方可以做出更大的让利空间，消费者获得了实惠，品牌方增加了销量，可以说是一种双赢的营销方式。

“配套 + 捆绑”的营销方式在实际操作时需要注意以下问题：

首先，要提供多种组合方式供顾客选择。在进行“配套 + 捆绑”营销时，品牌方要为消费者提供多种灵活的购买方式，并利用折扣引导消费者购买“配套 + 捆绑”的商品。例如，某品牌护肤品有洗面奶、护肤水、精华、面霜等商品，可以单独售卖每种商品，也可两三种或多种商品组合售卖，并通过调低套装价格的方式吸引消费者购买组合商品。

其次，配套商品要质量合格。“配套 + 捆绑”的营销方式是为了方便消费者，带给消费者更好的购物体验。因此在进行商品搭配时，品牌方不能为了节省成本就去搭配质量差的商品，这样不仅会给消费者带来不好的购物体验，还会让其对该品牌失去信任。

6.9 让货场热闹起来——色彩＋摆放

货场的布置与陈列对吸引消费者的注意力和促进销售起着重要作用。巧妙利用商品的色彩加以精心摆放，可以营造出一个热闹而吸引人的货场环境，吸引消费者的兴趣，增加销售利润。

6.9.1　用色彩刺激消费者的购买欲望

色彩在货场的布置中扮演着重要的角色。不同的颜色可以引发消费者不同的情绪和联想，从而影响其购买决策。明亮而鲜艳的颜色可以吸引消费者的注意力，激发其好奇心和购买欲望。

例如，在特价区域或热销商品附近使用醒目的红色、橙色或黄色装饰，可以吸引消费者的目光，并促使他们主动接近和了解商品情况。

另外，色彩的搭配对营销而言也非常重要。货场中涉及背景色彩、展具色彩、商品色彩等多重色彩。背景色彩包括墙面、顶面、地面等，这些色彩应与品牌主题相协调。柜台、货架等展具色彩主要起到衬托作用，其色彩不宜突出，应以背景色和商品色的过渡色彩为主。商品色彩是商品包装或商品自身固有的色彩，可以通过不同的摆放方法让商品色彩与周围环境相协调。

不同的色彩组合可以营造出不同的氛围，从而塑造出货场的特色和风格。品牌方可以根据自己的品牌形象和商品特点选择适合的色彩搭配，营造出与众不同的货场环境。例如，使用冷色调，如蓝色和绿色可以给人一种清新和舒适的感觉，适合展示健康用品和生活用品；而暖色调，如红色和黄色可以营造出热情和充满活力的氛围，适合展示食品或时尚、娱乐商品。

6.9.2 这样摆放，可以吸引消费者购买

除了色彩，摆放也是影响货场效果的重要因素。合理的摆放

可以提高商品的可见性和吸引力，帮助消费者更好地浏览和选择产品。具体操作时可参考以下一些建议：

★ 商品的陈列要主次分明

商品摆放时，不是将所有的商品都随意陈列，而是要划分区域，区分主次，将重点推广的商品摆放在货场的显眼位置，如货场的中心位置、入口处或消费者经过的主要通道。这样可以让消费者在进入货场时，第一眼就能看到这些商品，引起他们的关注和购买意愿。

★ 商品的陈列要整齐有序

商品的陈列应该整齐有序，避免过度拥挤或杂乱无章。有序的陈列可以让消费者更轻松地浏览和比较商品，提高其购买的效率和体验感。

★ 陈列的商品要分类集中摆放

陈列的商品分类集中摆放能够引起消费者的注意，并吸引消费者前来观看、购买。

整齐、集中地摆放商品

6.10

服务贴心，购物无忧——送货上门

送货上门服务为消费者节省了时间和精力，提高了消费者的购物舒适度。尤其是当一些商品体积较大或重量较重时，如果品牌方提供送货上门服务，就能让消费者没有后顾之忧，放心购买。

品牌方在提供送货上门服务时，要注意以下几点：

第一，提前与消费者沟通好送货上门的时间、地点。

提供送货上门服务时，品牌方要提前跟消费者沟通好送货的时间以及地点，并在约定的时间将商品送到消费者指定的地点。

第二，妥善包装商品。

为了防止商品在运输过程中遭受损坏，品牌方要提前填充商品包装内部空隙，并加固外包装。良好的包装可以有效地保护商品，并确保其安全无损地到达目的地。

如果商品是易碎品，需要在商品的外包装上特别注明，并在运输过程中轻拿轻放。

第三，先验货，再签收。

商品送到时，建议消费者先打开外包装，进行验货，确认商品没有损坏后再进行签收。

送货上门服务，令消费者购物无忧

第 7 章

线上营销心理策略，玩转大数据

互联网时代，线上营销是企业或品牌方开展营销活动的主阵地。开展线上营销，企业或品牌方首先要有洞察消费者心理的本领；其次，能够精准制订营销方案、有序开展营销活动；最后，直达消费者的内心，依据网络数据，扩大流量规模，从而成功营销。

7.1 邀请消费者加入狂欢——平台营销

互联网时代，网购已经成为消费者的重要消费方式。开展网络营销，应综合一切有利之势，吸引消费者加入消费狂欢，为成功营销奠定基础。

7.1.1　借平台之势，为营销引流

目前，线上购物平台大多会定期开展促销活动。一些大型的

促销活动更是整个行业的活动，掀起全网电商营销“狂欢”，如“6·18”年中大促、“双十一”购物狂欢节、“4·23”书香节等。对平台组织的大型线上营销活动，企业或品牌方要积极报名参加，争取平台官方的流量分配。

作为营销者，策划线上营销方案，应首先考虑借所在平台之势，积极参加平台活动，依靠平台数据推广来实现营销引流。其次是结合平台营销活动特色，因时制宜地推出适合企业、品牌、本店铺的线上营销活动，增加商品的曝光量，引起消费者关注，促使消费者购买商品。具体来说，应做好以下两方面的工作：

★ 了解平台营销规则和玩法

开展线上营销活动要熟悉平台的营销规则和玩法，这样才能跟随平台营销的节奏，做好营销预热和促进商品爆单。

以 2023 年各电商平台的“6·18”年中大促活动为例，整个平台的普遍营销规则和玩法大致如下：

通常来说，电商平台方在“开门红”与“狂欢日”的营销活动流量方面扶持力度一致，互不冲突，营销者可结合自身情况参加其中一项活动或两项活动均参加，两次营销活动的报名商品可相同或不同。具体报名、预热、营销时间以平台发布为准。

根据以往电商平台大型营销活动来看，平台营销活动玩法多样，其中包括店铺满减、跨店铺满减、平台购物津贴、折扣优惠等。

"6 · 18"开门红

卖家报名：5月10日15:00:00—6月20日23:59:59
商品报名：5月10日15:00:00—6月03日23:59:59
活动预热：5月29日00:00:00—5月31日19:59:59
正式活动：5月31日20:00:00—6月03日23:59:59

卖家报名：5月10日15:00:00—6月20日23:59:59
商品报名：5月10日15:00:00—6月20日23:59:59
活动预热：6月14日00:00:00—6月15日19:59:59
正式活动：6月15日20:00:00—6月20日23:59:59

2023 年某电商平台"6 · 18"活动安排

★ 符合平台营销准入条件

在平台营销活动开始前，营销者要做好店铺的运营管理，确保店铺符合平台营销活动准入标准，以免因自身条件不足而影响店铺参加平台营销活动，如卖家服务评级系统（DSR）评分过低、店铺有平台规定的违规行为等。平台营销准入标准参考当次营销活动具体要求。

店铺支持平台消费者保障服务

店铺近半年DSR评分均值不低于4.7

店铺近半年DSR评分各指标不低于4.6

店铺一般主营实物交易占比不低于95%

店铺近30天纠纷退款率小于0.1%

店铺无平台规定的违规行为

某电商平台营销活动常见准入标准

7.1.2　吸引消费者，留住消费者

报名参加平台营销活动后，营销者会获得平台相应的流量扶持，商品的曝光量会增加，消费者的浏览量、加购量也会发生变化，但要真正促成商品交易，营销者还必须在激烈的平台营销活动中“玩”出店铺的营销特色，以留住消费者，促进消费者下单。

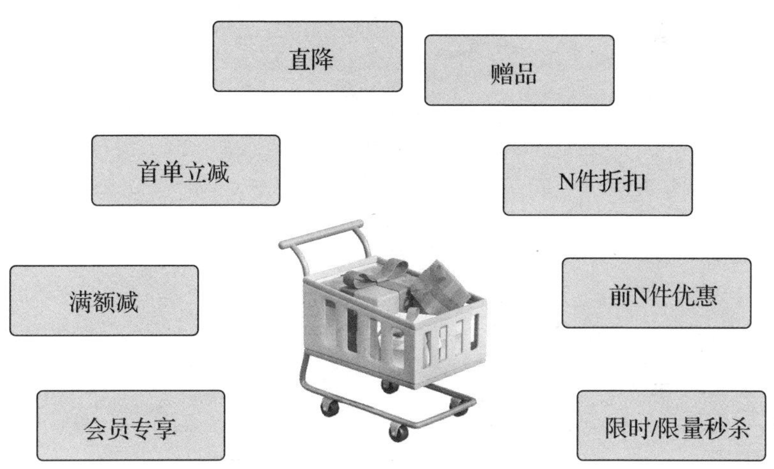

电商店铺常见特色营销活动

7.2

为消费者营造仪式感——节日营销

现代人生活节奏快、压力大，既渴望拥有高质量的生活方式，也希望生活能多一份仪式感。营销者锁定各个节日开展节日营销，可以满足消费者的心理需求，激发消费者的消费欲望。

7.2.1　节日营销背后的消费心理

线上营销，营销者与消费者不能面对面沟通，无法通过消费者的表情、动作等洞察消费者的内心，但如果熟知一些心理学效应，就可以通过有针对性的营销活动，了解消费者的消费心理。

利用“锚定效应”激发消费者“占便宜”的心理。当一个人做决定时，总是会参考影响决定的各种因素，这些影响因素就像锚，会影响思维这条“船”的走向。节日促销，会给消费者留下商品“限时降价”“有买有赠”的印象，消费者就会产生一种“占了便宜”“不买就是吃亏”的心理，进而采取购买行动。

利用“从众心理”鼓励消费者购物。个人的行为会受到外界人群行为的影响，并会不自觉地模仿群体行为。当节日营销气氛被烘托起来后，消费者会不由自主地参照周围人，如情人节时，当周围的亲友都在送花、收花时，会吸引没有送花或收花的那部分人加入这个行列中。

开展节日营销，为消费者营造生活的仪式感。借助情人节、母亲节、父亲节、端午节、中秋节等节日进行促销，能为现代人提供一种情感表达的机会，可充实消费者的情感世界。消费者为表达情感而进行消费，这是线上营销的发展趋势。

7.2.2 多样化的节日营销

开展节日促销活动主要强调的是商品的“时令性”，也就是说，营销活动主推的商品一定是符合这个节日主题的，是只有在这个节日消费者的需求量才会激增的商品。例如，在端午节，粽子的需求量会激增；在中秋节，月饼的需求量会激增。这就要求营销者的节日营销要选对商品，如此才能适销对路。

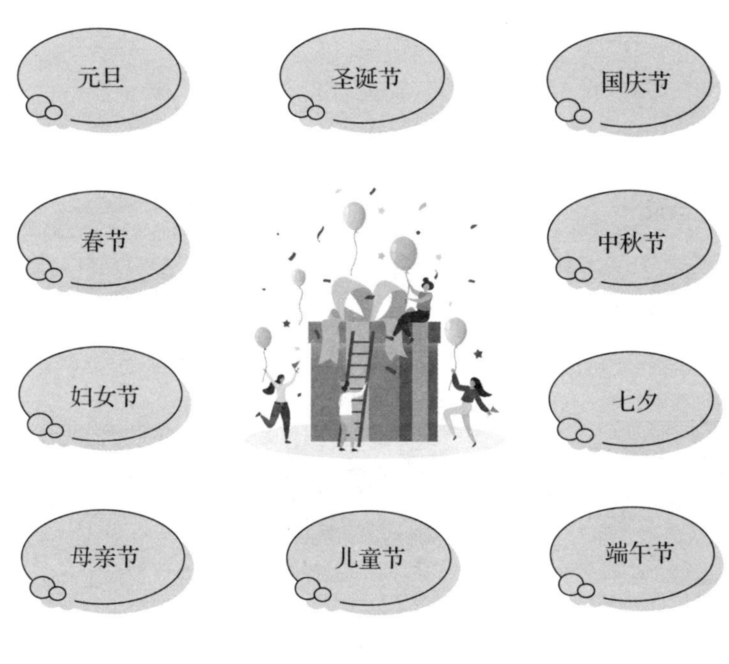

线上营销常见热搜节日

节日促销可以围绕传统节日开展，如端午节、中秋节等中国传统节日，还可以围绕儿童节、妇女节等国际通用节日开展促销活动。除此以外，也可以结合平台推出一些特色“节日”来促进消费。

与传统节日营销相比，特色节日促销对营销者来说，发挥空间更大、主动性更强。例如，从事美妆类产品营销，可以推出美妆节营销活动；从事家装类产品营销，可以推出家装节营销活动。营销者可以结合主营商品“创造出一个节日”，以此来让营销活动“师出有名”，鼓励消费者进行消费。

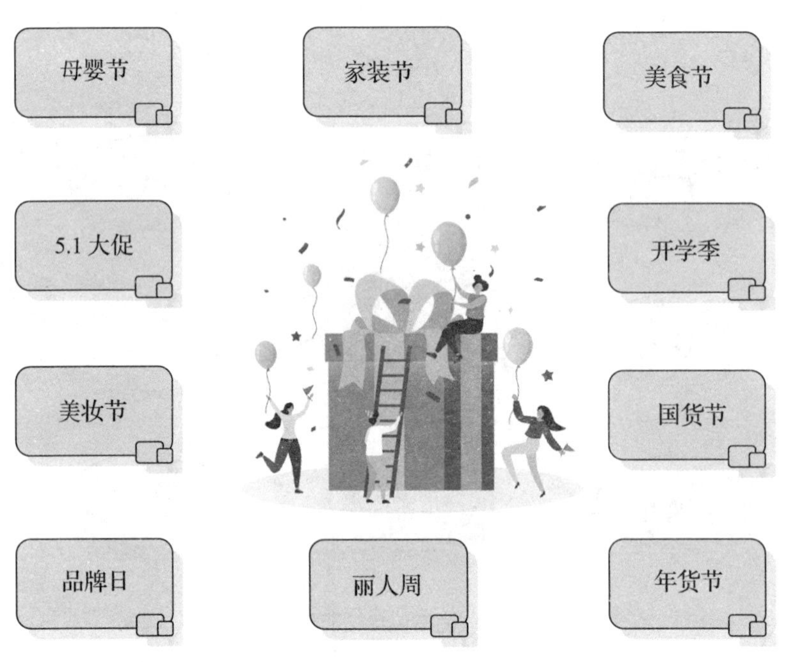

电商平台自创营销节日

7.3

让消费者主动去抢购——饥饿营销

当消费市场商品充足、供大于求时，消费者能轻松买到自己需要的产品，购买欲望就会降低；而当商品变得稀缺时，消费者的消费心理就会发生变化，即便商品并非刚需，也会产生想要购买的欲望。

7.3.1　饥饿营销的秘密：物以稀为贵

如果一个人每日三餐都享用山珍海味，长此以往，再珍贵难得的食材在这个人的眼中也会变得不足为奇，但是，如果让这个人饿上几天，粗茶淡饭对他而言也会变得无比珍贵。这就是饥饿营销的本质，物品的珍贵有时不在于其本身的价值，而在于它对消费者来说是稀有的、难得的。

饥饿营销，是指营销者人为降低商品在市场的投放量，使产品与消费者之间产生供不应求的市场关系，营造出物以稀为贵的“热销”假象，诱使消费者产生“抢到就是赚到”的心理和抢购“稀缺”商品的冲动。

饥饿营销通常有两种操作方法，一种是限量销售，直接表明商品供应有限；另一种是限时销售，过期不候。这两种操作方法都能营造商品供不应求的现象。

利用“稀缺性心理”，让利消费者，打造爆单产品。当消费者看到“数量有限”“限时秒杀”这样的营销活动时，会有成功抢购的侥幸心理；当消费者秒杀、抢购成功时，会有成功捡漏、运气好的感觉。

这里必须说明的一点是，饥饿营销是把双刃剑。成功运用饥饿营销有助于营销者打造爆款商品，同时也能拔高品牌在消费者心中的形象，提升品牌的附加值。但如果饥饿营销运用不当，会消耗消费者对商品或品牌的好感。

7.3.2　饥饿营销不仅仅是限量

饥饿营销的关键是让消费者感觉到“饿”（商品稀缺），那么是不是只要对商品进行限量，就能成功完成饥饿营销了呢？显然不是。饥饿营销的成功开展要做到以下几点：

第一，对商品进行综合评估，考察市场上的同类商品多不多，是否有可替代品，是否可被大量复制生产。如果市场上的同类商品很多、可替代品多、能在短时间内被模仿复制，那么这个商品就不具有“稀缺”特质，不适合做饥饿营销。

第二，有一定数量的消费者群体。想要开展饥饿营销，就必须有足够的消费者数量基础，否则就难以控制市场供求。如果没有忠实的消费群体，即便在市场上推出的商品非常少，也会无人问津。

第三，商品质量有保证。开展饥饿营销，要确保商品质量不辜负消费者的期待，否则，当消费者庆幸自己抢购到稀缺商品时，商品质量却与预期相差太大，会让消费者产生心理落差，进而可能在市场上造成该商品或其品牌并不值得期待、质量不好的不良影响。

第四，进行预热造势。在正式售卖商品之前，要多渠道增加商品的曝光量，增加消费者对所售商品的期待，为消费者营造必须快速下单的抢购氛围。

【营销智慧】

饥饿营销，是限时好还是限量好?

在开展饥饿营销的过程中，通过限定时间销售商品或限定商品的销售量，都能起到对商品稀缺性进行把控的作用。那么，限时和限量，哪一种营销方法更好用呢?

其实，针对某一产品开展饥饿营销，无论是限时还是限量，都要充分考虑产品的实际供应量和优惠力度，推荐操作如下:

- 商品库存少、优惠力度大，适合限时。
- 商品库存多、优惠力度大，适合限量。
- 商品库存多、优惠力度小，适合限时。
- 商品库存少、优惠力度小，适合限量。

7.4

借势提升消费者参与感——事件营销

所谓事件营销，是指结合具体事件开展的营销活动。目前，事件营销在国内外线上营销中应用广泛。

与其他线上营销策略相比，事件营销可谓自带流量，它集新闻效应、广告效应、形象传播、公共关系、客户关系于一体，能以短、平、快的方式吸引大众的关注、讨论，大众参与程度越高，商品和品牌出圈的概率就越大。

互联网时代，每天都会产生热搜事件，热搜事件往往会引发全网大量的关注和讨论，如果营销者能有效利用热搜事件开展营销，就可以最大限度地增加商品或品牌的曝光度，进而提高商品购买转化率。

具体而言，在开展事件营销过程中，营销者要把握以下几个重点：

7.4.1 敏锐捕捉热点事件

营销者要有敏锐的网络感知度，对具有热搜潜质的关键字、关键事件、关键人物要保持高度的敏锐度，并在热搜事件出现后能结合商品或品牌快速做出反应，搭乘热搜“顺风车”，借势营销，获取流量，将商品或品牌推向大众。

7.4.2 抓住事件关键词

开展事件营销，营销者要精准地抓住辨识度高的事件关键词。营销者发布营销活动信息时，应做到精准提炼事件相关的关键词，在各网络平台发布营销文案时，做到全网统一，并重点圈画事件关键词，如“放假到底要不要调休”“逃离北上广”等，进而吸引公众关注、评论、转发，增加商品或品牌曝光量。

7.4.3　突出商品卖点

事件营销的最终目的是促进商品销售，因此一定要在营销活动中积极宣传商品最吸引人的卖点，只有抓住核心卖点，才能刺激消费者进行消费。

7.4.4　紧跟事件发展

热点事件从发酵、引爆全网关注，再到舆论热度慢慢消退，会经历一个或长或短的过程，营销者应密切关注事件发生节点。在借助热点事件进行营销的过程中，要关注事件发生的过程，及时调整营销活动的内容和方向。

7.4.5　聚焦正能量

无论在任何时候、任何场合开展营销，营销者都要遵守传递正能量这一原则，避免恶俗玩梗。

对公众来说，营销活动方对热点事件的态度就是企业和品牌的态度，这种态度是企业和品牌文化的外显，代表了企业和品牌方的形象，对企业或品牌方的美誉度有重要影响。因此在事件营销中，一定要时刻聚焦正能量、传递正能量。

7.5

还在犹豫买不买？不如多选一——渠道营销

美国市场营销学家菲利普·科特勒指出，营销渠道就是商品或服务从生产者向消费者转移过程的具体通道或路径。如果营销者能牢牢把控商品或服务流向消费者的过程，就能提高商品的购买转化率。

对消费者来说，消费习惯决定了他们从哪些线上平台购买商品，如果营销者能迎合消费者，在消费者喜欢的平台上投放商品是非常明智的做法。

例如，当消费者在饭馆里点了一碗面，老板问“要不要加个卤蛋”和问“加一个卤蛋还是加两个卤蛋”两种询问方式下，消费者的选择结果会大不相同。在前一种问话中，消费者选择加卤蛋的概率仅有 50%，而在后一种问话中，消费者选择加卤蛋的概率则要远远大于 50%。

同理，当消费者觉得购物过程烦琐、不透明时，他们会大概率放弃购买某件商品，转而寻找其他可替代品，但是如果营销者能为消费者提供便利，让消费者从多种购物渠道中选择一个进行消费，消费者大概率会选其一，而不是放弃选择。

关于开展渠道营销，本书有以下建议：

第一，新商品上市，渠道要短、运输速度要快，给消费者带来最佳的消费体验。

第二，如果有条件，尽量进行全网营销推广，为商品造势，让消费者从不同渠道都能看到该商品，使消费者产生商品销售火爆的心理。

第三，配合固定渠道，推出特色宣传活动，如某平台购物下单专享折扣优惠等，配合营销平台，拉动消费者的购物需求。

第四，将不同商品分给不同的经销商，借经销商之力，推广商品，拉动消费。

7.6

多元化、更新潮的体验——跨界营销

在当前商品市场中，消费者购买商品，不再局限于商品的使用价值，也非常看重商品的附加值。

跨界营销恰恰能满足当前消费者猎奇、收藏、拥有更多商品附加值的心理。这也是当下跨界 IP 联名商品层出不穷的重要原因。

7.6.1　跨界营销，玩出新花样

营销者策划实施跨界营销，重点在于为品牌文化赋能，打造市

场上独一无二的“新风格”“新时尚”，进而获得消费者的价值认同，促进消费者完成消费。

例如，安踏与故宫联名，进一步提升了安踏的国潮热度；999与薄荷爆珠口罩联名，吸引了一大批喜欢新潮的年轻消费者群体；可口可乐与《复仇者联盟 4》联名，进一步提高了可口可乐的销量与品牌价值。

当前，消费者喜欢新潮、奇特的商品，跨界营销可以融合不同品牌文化、产品特点，在市场竞争中出奇制胜。

7.6.2 跨界营销的注意事项

跨界营销的策略制定和开展应注意以下几方面：

第一，跨界合作的品牌方，行业跨界反差越大，越让人意想不到，就越能有新奇的文化碰撞，也就越能激发消费者的好奇心和促进其消费。但是，两个价值观没有任何共同点的品牌，不能强行“捆绑”在一起开展营销。

第二，拟定跨界营销策略时，在求新、求奇的基础上，要明确营销目的，找准跨界合作的品牌文化连接点或商品元素结合点，实现品牌 1+1>2 的效果，促进品牌价值互补、升级，引发消费者的共鸣，吸引消费者的关注。

第三，跨界营销的趋势是年轻化、趣味化、时尚化、潮流化，因此营销活动的内容和形式都要尽量符合年轻一代消费者的消费习惯，并引领其消费习惯，如此才能掀起消费热潮。

【经典案例】

美妆与考古，跨界新视角

我国历史文化悠久，一系列的考古活动使古文化得以被世人了解，在众多考古文化中，三星堆文化备受关注。

作为考古文化的“宠儿”，三星堆出土的文物给了人们太多的惊喜，但谁又能想到它能与彩妆联名，以别样的方式又一次吸引了人们的广泛关注。

2021 年，三星堆与美妆品牌原色波塔（INSBAHA）跨界联名推出一系列“三星堆彩妆”，有青铜纵目眼影盘、鱼凫唇泥、太阳轮腮红等，商品在预热期间就吸引了大量网友的关注，并引发热议。这一跨界合作，赋予了三星堆文化时尚和新潮的文化内涵，也大大增加了原色波塔的知名度和文化底蕴，实现了双赢。

7.7

你想要的，圈子里都有——社群营销

“物以类聚，人以群分。”聪明的营销者会将目标消费群体巧妙地聚集在一起，当一个营销信息被一个目标消费者知道后，会迅速在消费者群体中裂变并得到传播，达到“遍地开花”“一石激起千层浪”的营销效果，这正是社群营销的绝妙之处。

7.7.1　营销裂变：从一个人到一群人

★ 什么是社群营销

社群，是指在一定地区、领域内的社会关系。这里的社群主要是指线上社群，社群内的成员彼此之间存在一定的社会关系，如同学、亲友、同事、同学的同学、亲友的亲友、同事的同事等。这些社会关系将不同社会成员汇聚到一起，彼此在互联网空间内交流、分享、传播信息。

社群营销，是基于网络社区、社交媒体形成的社群而开展的营销。例如，在微信群里发布营销活动信息，在微博上为新产品的发布进行宣传，在 QQ 群里组织线上或线下营销活动等。

社群营销的对象主要是目标消费群体，社群圈子里的成员是营销者开展营销活动重点关注的对象。社群营销属于既定范围内的私域营销，同时兼有公共网络空间的公域营销。

社群营销过程中，社群成员组成相互融合、交叉，同时又不断向外辐射扩散的一个个圈子，圈子内的每一位成员都是社群营销的对象。

社群营销的常见平台

★ 社群营销的特点

与其他线上营销相比，社群营销具有以下特点：

其一，互动性强。在一个社群中，各成员之间有相同的习惯或爱好，彼此存在共性，一个共同话题可引起广泛讨论，成员之间具有较强的互动性。

其二，针对性强。围绕营销所组建的社群，社群成员是企业或品牌方的目标消费者，这样有利于营销者开展更有针对性的营销活动。例如，母婴品牌构建的妈妈群，超市构建的福利群、会员群，某带货主播构建的粉丝群等。

其三，覆盖面广。社群营销的覆盖面非常广，营销信息可以迅速覆盖不同社群，同时通过社群成员辐射到他们各自的线上朋友圈、线下同事及亲友等社交圈。

其四，交流畅通。社群中，消费者会分享好物、聊购物心得，购物者之间的相互沟通交流会增加他们的消费参与感、认同感，同时社群管理者也能及时发现和解决企业或品牌方的相关负面问题，给予消费者及时的反馈，确保营销活动顺利开展。

其五，传播速度快。一个热搜可以在一夜之间引发全网热烈讨论，这正是基于社群信息的广泛传播。因此，只要方法得当，社群营销可实现一传十、十传百、百传千千万的效果，能快速地将营销活动的信息传播出去。

社群营销的特点

其六，可自行运转。社群成员人数众多，但除了社群管理者，每个社群总有一个或两个意见领袖，能在社群中发挥重要的引导作用。对营销者来说，意见领袖可以成为营销活动信息的重要传播者、组织管理者，能协助营销活动顺利开展，甚至独立完成相关营销活动的策划和组织。

7.7.2　营销策略：找准圈子，走出圈子

社群营销的开展需要营销者做好两件事，一是找准圈子，二是走出圈子。

★ 找准圈子

营销者应清楚地知道企业或品牌方的目标消费者有哪些，并了解目标消费者经常活跃在哪些平台以及哪些话题会引起目标消费者的关注。

锁定目标消费者之后，营销者就应该有计划、有组织地将目标消费者聚集到一起，构建一个个粉丝群或客户群，做好社群日常维护，并不断吸引新的消费者加入进来。

这里需要特别说明的是，开展社群营销，并不是开展一次就再

也不开展了，因此，营销者一定要做好社群的日常维护，经常开展社群主题活动，如分享品牌理念、企业文化、粉丝故事等，鼓励消费者分享购物心得或买家秀，甚至可以聊聊热搜话题、聊聊天气，让社群保持一定的活跃度，增加粉丝黏性，避免粉丝大量退群的情况出现。

★ 走出圈子

营销者在做好社群维护的基础上，可以在一个平台构建多个社群，如果条件允许，还可以在全网各平台尝试构建企业或品牌方的社群，而不要局限于一个社群、一个平台。

此外，开展社群营销，营销者要时刻做好扩大社群的工作，吸引更多的社群营销圈以外的潜在消费者，甚至扩大新的消费者数量规模，让社群营销范围不断扩大。

7.8 沉浸式消费，激发消费冲动——直播营销

直播营销，从消费者的角度来理解就是直播带货，主播在直播间试穿、试吃、试用商品，向消费者描述商品或服务的使用感受，讲解优惠机制，介绍品牌或企业文化等，让消费者“身临其境”，有“线上逛街”的感受。

7.8.1　打造高质量直播团队，做好直播引流

新媒体时代，无论是夜市摊主，还是初创团队，抑或是大中型

企业，都非常重视在各大直播平台建立自己的直播引流入口，即打造个人、团队或企业直播间，通过直播的方式对商品或品牌进行营销，吸引消费者观看，引导消费者下单，进而实现引流变现。

作为营销者，要自主打造或者协助企业各部门同事打造直播团队，应重点做好以下工作：

第一，培养主播（和副播），提高主播的职业素养。

对营销团队和企业来说，一个成熟的主播是开展直播营销的核心人物，很多消费者喜欢看直播，有很大一部分原因是喜欢主播身上的某些特质。

主播在直播间对商品的描述、介绍、试用（内容或方式）等，会直接影响消费者的购买行为。所以，主播对商品的介绍应全面、专业，介绍清楚商品的特点、卖点、优惠力度、优惠机制、购买方法等，这是主播营销专业性的重要体现。

此外，在直播营销中，主播的话术非常重要。主播的话术要能引发消费者的情感共鸣，刺激消费者进行消费，以提高直播营销的转化率。

第二，做好直播营销控场。

一次成功的直播营销离不开合理的直播营销控场，即营销者应协调和把控整个直播营销的节奏。

直播营销过程中，向消费者推出的各种营销活动应紧凑、密集，如“开播福利”“惊喜 9 点半”“宠粉 10 点半”“惊喜盲盒”“惊喜十连炸”“深夜福利”……密集地推出营销活动，争取一环扣一环，连续不断输出、推送给消费者，让消费者持续停留在直播间，消费者总能被直播间的某一个福利环节的某一个商品吸引，进而主动下单购买。

加快语速

快节奏的语速能营造一种热烈、紧张的气氛，让消费者抓紧机会下单

积极互动

及时回复刷屏的问题，让观众有被重视的感觉

邀请用户互动

鼓励用户点赞、评论，鼓励消费者互动，增加直播间的流量

不定时抽奖、秒杀

用实在的让利打动消费者，让直播间的气氛始终保持较高的热度

主播直播营销技巧

这里需要提醒的是，主播在直播营销过程中，对各种福利环节中的推荐商品应体现出诚意，切勿“忽悠”消费者。

第三，做好直播营销的预热和复盘。

直播前，营销者要为将要开始的直播营销“造势”，做好预热，如可以通过公众号、微信群、小程序、朋友圈等，轮流提醒消费者，以增加直播营销活动的曝光量，让尽可能多的消费者看到、记住、参与进来。

直播结束后，营销者要及时浏览直播回放，做好直播数据统计，如直播活跃用户，直播活跃时间段，直播间下单量、成交量、转化率等；做好复盘分析，为以后的直播营销提供数据参考，完善直播营销策略、优化直播营销过程和效果。

7.8.2 与专业团队合作，做好直播营销推广

对缺乏经验或条件的个人或企业来说，可以通过与专业直播团队合作的方式来开展直播营销活动。

在与专业团队进行直播营销合作时，要注意以下几点：

第一，提前做好直播前的营销沟通工作，明确产品的卖点、库存数量、优惠机制等，签订直播营销合作合同。

第二，在合作方进行直播的过程中，营销者或营销团队可以到

直播场地实地观看或者远程观看直播，同时协调好相关工作人员，配合直播团队积极响应主播的提问，调节直播间气氛；或及时上产品链接、发放优惠券、解答消费者的疑问等，以保证整场直播营销活动的顺利开展。

7.9 讲出心声，引发消费共鸣——短视频营销

在新媒体时代，越来越多的人开始入驻短视频平台，加入这场“娱乐狂欢”。有经验的营销者纷纷看到了短视频带来的商机，展开了一系列的短视频营销。

7.9.1 热门内容，更容易吸引流量

在短视频营销中，谁掌握了流量密码，谁就能获得更多数量的

点赞、评论、收藏、转发。那么，同样是时长差不多的短视频，为什么有的短视频的各项数据都非常好，有的短视频的各项数据则比较差呢？答案就在于视频内容。

视频好看，才有人看，视频符合消费者的“口味”，消费者才愿意为短视频的各项数据“添砖加瓦”。

在各类短视频平台，以下内容的短视频成为热门视频的概率更高，而这样的短视频容易吸引流量，转化率也更高。

短视频常见热门内容

开展短视频营销，营销者必须对消费者有足够的了解，知道消费者喜欢看什么样的短视频，要讲消费者感兴趣的故事，说消费者爱听的话，呈现消费者喜欢的画面，如此创作出来的内容才能在短视频平台获得更多流量，才能在每天数以万计的短视频海洋中被消费者看到。

7.9.2　多种方式，引流变现

在精准找到目标消费者钟爱的短视频内容之后，营销者接下来要做的就是将商品或品牌巧妙地融入短视频中去，让消费者在观看短视频的过程中，了解商品、购买商品。

以下几种方式，可以帮助营销者通过短视频营销引流变现。

第一，直接展示商品。营销者可以组织团队为商品或品牌拍摄宣传片，也可以邀请明星、优质博主、消费者录制商品试用体验分享或开箱视频测评，直接向消费者展示、介绍、推荐商品，为消费者“种草”。

第二，渲染场景。这一点可以简单理解为通过为商品拍摄一条短视频广告，围绕商品卖点，通过感人、幸福或震撼人心的声音、画面等，引起消费者的情感共鸣。例如，母婴用品营销短视频中温馨的亲子画面；美妆用品营销短视频中，使用者的形象和气质等能给消费者带来使用该商品后能提升形象和气质的心理暗示，从而引导消费者进行消费。

录制开箱视频

第三，剧情植入。这是当前短视频营销中常用的营销方式，通过剧情展示和走向，植入产品广告，直截了当介绍商品的性能、特点、优惠等，呼吁受众购买该商品。

第四，名人带货。将明星、博主等知名人士使用或称赞商品的视频片段推荐给受众，利用名人效应吸引消费者购买该商品。

这里需要特别提醒的是，在产出短视频、进行内容营销的同时，不要忘了在视频下方或评论区提炼短视频的主题、添加购买链接，以方便消费者参与话题讨论、购买商品。

7.10 莫让客服劝退消费者——客服营销

消费者购买商品后，营销行为并没有真正结束，因为还会存在消费者退单、投诉等问题。

客服营销作为容易被营销团队忽视的重要环节，在营销最后阶段发挥着至关重要的作用。一场前期效果良好的营销活动可能因为客服这一环节的缺失或做不到位，而使整个营销活动的风评逆转，给消费者留下不好的印象，因此客服营销有必要引起营销者和整个企业的重视。

客服营销贯穿消费者了解、购买、使用商品的整个过程，时间跨度长、涉及因素多，这里重点强调以下几点：

第一，做好客服推荐工作。

消费者在线上购物，对于商品难免有不了解的地方，当消费者主动联系客服时，客服应积极、及时回应并结合消费者的实际情况做好商品推荐工作。

第二，做好售后管理工作。

消费者在线上下单后，客服应结合消费者的订单情况，做好订单跟踪，及时提醒消费者核对收件信息、签收、给予订单好评等。

第三，做好客服公关工作。

当消费者在购买、使用商品的过程中发生不愉快的事情时，客服应积极面对可能有损企业或品牌方形象的问题，营销团队应做好应急预案，并在日常营销活动策划、组织和实施过程中做好客服培训工作，以确保营销活动顺利开展。

参考文献

[1] 安迪 . 销售要懂点心理学：销售心理学实战读本 [M]. 北京：中国商业出版社，2016.

[2] 安泽 . 消费者行为心理学 [M]. 苏州：古吴轩出版社，2019.

[3] 陈特军，谢绫丹 . 销售攻心战 [M]. 北京：北京联合出版公司，2020.

[4] 陈祝平 . 品牌管理 [M]. 北京：中国发展出版社，2005.

[5] 方志坚，章金萍 . 营销策划实务与实训 [M]. 北京：中国人民大学出版社，2011.

[6] 冯丽华 . 营销心理学 [M]. 北京：电子工业出版社，2005.

[7] 官税冬 . 品牌营销：新零售时代品牌运营 [M]. 北京：化学工业出版社，2019.

[8] 郭玉鑫 . 销售心理学 [M]. 北京：中国商业出版社，2019.

[9] 海天电商金融研究中心 . 一本书玩转互联网品牌营销 [M]. 北京：清华大学出版社，2017.

[10] 贾扶栋，任芳进 .99% 的销售业绩都是这样提升的 [M]. 北京：中国华侨出版社，2013.

[11] 江中原 . 抖音这么玩更引流：全彩图解版 [M]. 北京：金城出版社，2018.

[12] 冷湖 . 销售心理学：直抵客户内心需求的成交术 [M]. 天津：天津人民出版社，2019.

[13] 李东 . 网络营销理论与创新 [M]. 北京：兵器工业出版社，2005.

[14] 李飞 . 品牌和营销 [M]. 北京：机械工业出版社，2011.

[15] 李昊轩 . 销售心理学 [M]. 天津：天津科学技术出版社，2019.

[16] 李维 . 短视频营销 [M]. 北京：中华工商联合出版社，2020.

[17] 刘东明 . 抖音电商运营：广告 + 引流 + 卖货 +IP 变现 [M]. 北京：中国铁道出版社有限公司，2019.

[18] 刘志强，杨婷 . 网店客户服务与管理 [M]. 北京：电子工业出版社，2021.

[19] 马浩天 . 一本书读懂销售心理学 [M]. 苏州：古吴轩出版社，2015.

[20] 马智锋 . 微行为解读学：瞬间读懂小动作背后隐藏的秘密 [M]. 北京：北京时代华文书局，2015.

[21] 牧之 . 销售心理学 [M]. 北京：台海出版社，2017.

[22] 前沿文化 . 为什么我的网店更赚钱 [M]. 北京：龙门书局，2012.

[23] 邱如英 . 抖音头号玩家：抖音短视频运营 · 百万粉丝 · 电商引流 · 社交变现全攻略 [M]. 广州：广东经济出版社，2019.

[24] 孙庆群 . 营销心理学 [M]. 北京：科学出版社，2008.

[25] 童明 . 营销心理学 [M]. 合肥：中国科学技术大学出版社，2009.

[26] 王昂，赵苗 . 新媒体营销：营销方式 + 推广技巧 + 案例解析：微课版 [M]. 北京：人民邮电出版社，2022.

[27] 王湘红 . 消费行为的助推机制和政策效应研究 [M]. 北京：经济科学出版社，2021.

[28] 吴凡 . 把话说到客户心里去 [M]. 苏州：古吴轩出版社，2016.

[29] 武永梅 . 社群营销 [M]. 天津：天津科学技术出版社，2017.

[30] 萧杰 . 销售与口才 [M]. 天津：天津科学技术出版社，2019.

[31] 宿春礼 . 销售心理学 [M]. 北京：中国华侨出版社，2018.

[32] 杨学成，陈章旺. 网络营销 [M]. 北京：高等教育出版社，2014.

[33] 张文强，姜云鹭，韩智华．品牌营销实战：新品牌打造 + 营销方案制定 + 自传播力塑造 [M]. 北京：清华大学出版社，2021.

[34] 张易轩．销售心理学 [M]. 北京：中国商业出版社，2019.

[35] 郑昊，米鹿．短视频：策划制作与运营 [M]. 北京：人民邮电出版社，2019.

[36] 陈层．新经济背景下企业市场营销战略的新思维探析 [J]. 商场现代化，2021（11）：83-85.

[37] 陈雨帆．老品牌的新生之道："王老吉"变与不变的启示 [J]. 传播与版权，2019（05）：125-126+135.

[38] 谷文婷．品牌营销"新战场"个性定制包装三大法则 [J]. 印刷技术，2019（03）：35-37.

[39] 黄静，王伊礼，王锦堂．组合促销与消费者思维加工模式对冲动性购买的影响研究 [J]. 学海，2018（03）：140-147.

[40] 李金雄．试论移动互联网环境下的连锁经营品牌运作 [J]. 环渤海经济瞭望，2018（05）：68.

[41] 李茂龙，陈慧．基于职业素质提升的营销心理学课程教学改革 [J]. 湖北经济学院学报（人文社会科学版），2014（11）：187.

[42] 刘接忠 . 企业营销危机处理分析 [J]. 全国商情（理论研究），2010（07）：26-28.

[43] 王茜 . 浅谈广告设计与销售心理 [J]. 潍坊教育学院学报，2006（04）：30-31.